Natur – Kinder – Garten – Werkstatt
Sommer

Sommer
Schmetterlinge züchten
Kräuter verarbeiten
Erde, Wasser, Feuer, Luft
Vom Korn zum Brot
Obst und Gemüse ernten
Herbst
Hausbauwerkstatt
Korbflechten
Bienenwachswerkstatt
Papierwerkstatt
Adventwerkstatt
Winter
Wolle verarbeiten
Holz- und Tonwerkstatt
Säen, Keimen, Wachsen
Nisthilfenwerkstatt
Frühling
Lebensräume schaffen
Gestalten mit Pflanzenfarben
Milchverarbeitung, Imkerei

Irmgard Kutsch

NATUR

Brigitte Walden

KINDER

Sommer

GARTEN

Vom Wiederentdecken des Ursprünglichen

WERKSTATT

Verlag Freies Geistesleben

Geleitwort

Es ist über zwanzig Jahre her, als ich an einer Seminarveranstaltung teilnahm, wo Dr. Hans Müller-Wiedemann[1] den Zusammenhang zwischen dem aggressiv-angstbesetzten Verhalten eines bestimmten Kindes und dessen mangelnder Grundsicherheit im Bereich des Tastsinnes, den man auch als körperplastischen Sinn oder Evidenz-Sinn bezeichnen kann, beschrieb. Dieses Referat meines verehrten Lehrers war für mich ein Schlüsselerlebnis. Das Thema ließ mich nicht mehr los. In den Wochen und Monaten danach arbeitete ich in jeder freien Stunde an einer Monografie des Tastsinnes unter besonderer Berücksichtigung der Sinneslehre Rudolf Steiners: mein erster – unveröffentlichter – schriftstellerischer Versuch zur Entwicklungspsychologie und (heil-)pädagogischen Menschenkunde. – Ich verfolgte die Spur im Sinne eines kontinuierlichen Forschungsprojektes weiter und begann Anfang der Neunziger-Jahre, die Arbeitsergebnisse auch zu publizieren.[2] Die pädagogische Sinneslehre wurde insbesondere zu einer unverzichtbaren Grundlage der Arbeit in unserem therapeutischen Institut.[3] Zugleich habe ich mich in all den Jahren bemüht, die öffentliche Debatte über zeitgemäße Konzepte für Kindergarten und Schule dahingehend zu beeinflussen, dass die Einsicht wachse, welcher hervorragende Stellenwert der Sinnespflege und Sinnesschulung in einer Zeit des «Entschwindens der Wirklichkeit» (Bernd Guggenbauer) zukommt. Das Problem der Sinnesverarmung bei gleichzeitiger Eindrucksüberflutung ist pädagogisch hoch relevant. Tastsinn, Vital- oder Lebenssinn (das Sensorium für die eigenen Körperzustände), Bewegungs- bzw. Raum-Lage-Sinn, Gleichgewichtssinn, Temperatursinn, aber auch die seelennäheren Qualitätsdifferenzierungssinne oder «ästhetischen» Sinne (Schmecken, Riechen, Hören, Sehen) sind permanent irritierte, unnatürlich überreizte und gerade deshalb von Abstumpfung bedrohte Organe der Selbst- und Weltwahrnehmung. Sie stehen sozusagen auf schwankendem Daseinsgrund. Hier Abhilfe zu schaffen kann nicht allein Sache der Eltern sein! Den pädagogischen Institutionen wächst eine neue Aufgabe zu.

In diesem Zusammenhang ist mit Recht von «Primärerfahrungen» die Rede. Ich ziehe den Begriff der *elementaren Erlebnisfelder* vor. Nicht aus Naturnostalgie (dann wäre es lediglich eine Neigungsfrage), sondern aus objektiven Erwägungen der pädagogischen Psychologie müssen Wege gefunden werden, den Kindern – möglichst schon im Vorschulalter – anzubieten, was ihnen in den städtischen oder stadtnahen Lebensverhältnissen heute weitgehend vorenthalten bleibt: Möglichkeiten der unmittelbaren, *tätigen* Kommunikation mit der natürlichen Schöpfung, mit den Elementen, mit Flora und Fauna. Denn dies ist und bleibt der *Königsweg der Sinnespflege*.

Ständig bin ich auf der Suche nach Menschen, Initiativen, Modellprojekten, die in dieser Hinsicht vorbildliche Arbeit leisten. Hier sind die Waldkindergärten zu nennen, nicht zu vergessen die Jugendfarmen. Ich habe Post von Pädagogen erhalten, die Erlebniswanderungen veranstalten, Sinneserfahrungsfelder installieren, Kräutergärten für die Kinder anlegen, Freizeiten mit dem besonderen Schwerpunkt Naturbegegnung organisieren und vieles mehr. Als ich voriges Jahr Irmgard Kutsch kennenlernte und von der Natur-Kinder-Garten-Werkstatt erfuhr, wusste ich sofort: Das ist es! Beim Lesen der Manuskripte hüpfte nicht nur mein Therapeutenherz (eigentlich müsste es mir ja in die Hosentasche rutschen, denn sollte das Projekt Schule machen, würde uns womöglich die Arbeit ausgehen …), sondern ich war noch aus einem anderen Grund froh: In meiner Eigenschaft als Dozent in der Kindergärtner-Innen-Ausbildung (Zusatzqualifikation für integrative Aufgaben) stehe ich nun wesentlich besser da, wenn im Plenum mal wieder die Frage gestellt wird: «Wie sollen wir denn das alles, was Sie da erzählen, in die Praxis umsetzen?» Da kann ich triumphierend die Adresse der Natur-Kinder-Garten-Werkstatt zücken und antworten: «Zum Beispiel so!» Ich trete seit Langem für eine Erweiterung und Ergänzung des – mir besonders nahestehenden – Konzepts der Waldorfkindergärten um mehr elementar sinnespflegerische, d.h. naturpädagogische Elemente ein. Dies betreffend können wir von Irmgard Kutsch und Brigitte Walden eine Menge lernen. Was sie anregen, kann völlig unabhängig von diesen oder jenen Weltanschauungs- oder Traditionsvorgaben angenommen und umgesetzt werden, wenn man nur ein Gespür dafür hat, was Kinder brauchen und wodurch eine Kindheit in Gold getaucht wird.

«Ich gehöre nicht zu denen, die von einem Rollback in ‹gute alte Zeiten› träumen. Das führt zu nichts. Aber aus der Sicht des Kindes kann und muss, ganz ohne kulturpessimistische Koketterie, gesagt werden: Es ist genug! Genug Maschinen. Genug Geschwindigkeit. Genug Beton. Genug sinn(e)betrügendes, Leben und Bewegung vortäuschendes Bildgeflimmer. Genug Dinge. Die sich anfühlen wie – nichts. Die durchmaschinisierte, bildüberladene, zubetonierte, plastiküberzogene, brüllende, geschwindigkeitssüchtige Alltagswelt, deren desorientierende Wucht nur diejenigen verharmlosen können, die den Grad der Abstumpfung, den sie erreicht haben, auch bei Kindern voraussetzen, ist in Bezug auf die frühen Entwicklungsschritte der Daseinsvergewisserung – und das heißt auch: in Bezug auf die Fundamente des Selbstvertrauens – ein Desaster. Die negativen Folgen für die Sinnes- und Bewegungsentwicklung werden heute nur noch von einigen notorischen Abwieglern bestritten. – Ökologische und pädagogische Kernanliegen sind nahe benachbart. Letztere unterstreichen die Forderung, der Umweltzerstörung entgegenzutreten und die zunehmende Verdrängung der natürlichen Schöpfung durch Menschenwerk aufzuhalten. – Man kann die Entwicklung nicht zurückdrehen, aber man kann begreifen, dass der Gesellschaft, den Schulen und Kindergärten, den Einrichtungen der freien Jugendarbeit ... eine neue Aufgabe zugewachsen ist, nämlich den Kindern zurückzugeben, was ihnen zusteht: die elementaren Erlebnisfelder. – In dieser Richtung voranzuschreiten wird Mut zum Experimentieren und zum Verlassen eingefahrener Geleise ... erfordern.»[4]

Solchen Mut beweisen Irmgard Kutsch und Brigitte Walden. Wir sollten uns ein Beispiel daran nehmen und die Gelegenheit ergreifen, von ihnen zu lernen.

Im Januar 2001 *Henning Köhler*

1 Der vor wenigen Jahren verstorbene Arzt und Heilpädagoge, langjähriger Leiter der Heimsonderschule Brachenreuthe, Schüler und Biograf Karl Königs, war eine geistige Leitfigur der Camphill-Bewegung. Sein wichtigstes Werk ist die entwicklungspsychologische Studie *Mitte der Kindheit* (Verlag Freies Geistesleben).

2 Insbesondere in den Büchern *Die stille Sehnsucht nach Heimkehr* (Zusammenhang zwischen Basalsinnen, Elementen, Ätherqualitäten und neurotischen Grundformen), *Vom Rätsel der Angst* (basale Sinnespflege als Kernbestandteil der Angstbehandlung), *Von ängstlichen, traurigen und unruhigen Kindern* (Sinnespsychologie im Zusammenhang mit sogenannten Verhaltensstörungen) – alle Verlag Freies Geiestesleben –, sowie *Flensburger Hefte*, Themenheft *Erziehung* (Interview über die fundamentale pädagogische Bedeutung der Sinnespflege in der heutigen Zeit).

3 Janusz-Korczak-Institut Nürtingen (Therapeutikum für ambulante Heilpädagogik und künstlerische Therapie, Erziehungsberatungsstelle, Abteilung Biografiearbeit und Lebensberatung, Fortbildungen, berufsbegleitender Ausbildungslehrgang zum pädagogischen Berater).

4 Auszug aus Henning Köhler, *Was haben wir nur falsch gemacht? Kindernöte, Elternsorgen und die verflixten Schuldgefühle*, Stuttgart 2000, Verlag Freies Geistesleben.

Der Weg zu diesem Buch

Den kindlichen Willen stärken

Das ist Tobias, vier Jahre alt. Er ist fasziniert von dem riesigen, bauchigen Regenfass in der Natur-Kinder-Garten-Werkstatt Reichshof. Er scheut keine Mühe und keine Anstrengung, um mit der Handschwengelpumpe Wasser in die Gießkanne zu pumpen. Mit sehr viel Ausdauer und Geschicklichkeit hat er es geschafft, die Gießkanne so zwischen Fassrand und Pumpe zu verkeilen, dass sie von selbst hält. Denn das ist die Voraussetzung, um sich mit der einen Hand festhalten zu können, damit die andere den Schwengel – wiederum gegen Widerstand – auf und ab bewegen kann. Den starken Willensimpuls und die Schaffensfreude, diese für ihn schwere Arbeit mit Geräten für Erwachsene tun zu können, sieht man ihm vom Kopf bis zu den Zehenspitzen an. Das ganz eigentümliche, dumpfe Pumpgeräusch und das schließlich aus der Gießkanne überfließende Wasser motivieren ihn, immer weiter und weiter zu pumpen. Das Wasser läuft größtenteils wieder in das Fass zurück, und Tobias ist es, der es ausdauernd und voller Konzentration in schwung- und geräuschvoller Bewegung hält.

Diese Situation ist eine von unzähligen, in denen mir immer wieder klar wird, wie leiblich, seelisch und geistig gesund sich Kinder in einer naturnahen Umgebung mit authentischen Dingen und Materialien entwickeln können.

Aus diesem und auch aus vielen weiteren Gründen, die in den drei anderen Jahreszeitenbänden beschrieben sind (Band 1: Frühling, Band 3: Herbst, Band 4: Winter), wurde die Natur-Kinder-Garten-Werkstatt Reichshof entwickelt und arbeitet nun seit über zwei Jahrzehnten. Ausführliche Informationen gehen aus Band 1 hervor.

Sie sind als Leser mit diesem Buch nun herzlich zu einem Besuch in eine naturnahe und kindgerechte Welt eingeladen, um sich mit unserer Arbeit vertraut zu machen und sich davon inspirieren zu lassen.

Reichshof, im Januar 2016 *Irmgard Kutsch*
Natur-Kinder-Garten-Werkstatt Reichshof
Dorner Weg 4, 51580 Reichshof

Einladung

Wir laden ein in ein Land voller Wunder, über die man staunen kann, einen Lebensraum voller Steine, Pflanzen und Tiere in zahlreichen Farben und Formen, ein Fleckchen Erde, mal von der Sonne beschienen, mal vom Regen benetzt, über das der Wind bläst und die Wolken treiben.
Es ist ein Garten, in dem sich Jung und Alt, Groß und Klein von nah und fern zusammenfinden, um einen Lehmofen oder eine Hütte zu bauen, einen Wanderstab zu schnitzen, Wolle zu waschen, duftende Kräuter und frischen Salat zu pflücken und köstliche Beeren zu naschen.

In dieser sinnenreichen Umgebung werden unmittelbar Fragen wach:

- Wie mag wohl unsere Welt in zwanzig bis vierzig Jahren aussehen?
- Welche Fähigkeiten sollten Kinder von heute schon in jungen Jahren erwerben können, um in ihrem späteren Leben innovative Ansätze für die Gestaltung einer l(i)ebenswerten Zukunft zu finden und mit einem gesunden Selbstbewusstsein in der Welt zu stehen?
- Wie können die in der naturbezogenen Bildungsarbeit mit Kindern wirkenden Erwachsenen Einblick in Naturzusammenhänge gewinnen?
- Welches Bildungsangebot brauchen sie selbst, um für Kinder in überzeugender und nachahmenswerter Weise lebenspraktisch tätig werden zu können?

Im Rückblick auf über vierzig Jahre naturbezogene Arbeit mit Kindern, Jugendlichen und Erwachsenen wird deutlich, dass die Zahl der Kinder mit Entwicklungs-, Wahrnehmungs- und Bewegungsstörungen sowie mit extremen Verhaltensauffälligkeiten und Sprachdefiziten beständig zunimmt. Dies liegt unter anderem darin begründet, dass virtuelle Scheinwelten den Kindern vorgaukeln, sie könnten allein über ihren visuell-auditiven Sinneskanal Zugang zu Erfahrbarem bekommen. Die Welt wird tatsächlich aber – vor allem in den Kinderjahren – durch das tätige Erleben der Um- und Mitweltphänomene begriffen, es gilt also im wahren Sinne des Wortes:

Begreifen durch Be-Greifen!

Deshalb klettern in der Natur-Kinder-Garten-Werkstatt die Kinder auf hohe Bäume, schauen in den tiefen Brunnen, matschen im Lehm, und die Erwachsenen begleiten dies als interessierte, wohlwollende Helfer.
Mit einem großen Maß an allumfassendem Weltinteresse begegnen sich hier generationsverbindend Menschen aus vielen Ländern, unterschiedlichen Kulturen, verschiedenen Berufen und mit mannigfaltigen Fähigkeiten.

Sie alle verbindet die Idee, sich für das Wohlergehen der Schöpfung, für eine lebensvolle Zukunft und damit für eine *neue ökologische Kultur* einzusetzen. Sie bemühen sich, Lebenszusammenhänge zu verstehen, indem sie sich austauschen und indem sie gegenseitig Einblick in die kulturhistorischen Gegebenheiten ihrer Herkunftsländer geben.

Alle widmen sich einem vielseitigen Gedeihen der Kinder. Sie staunen über deren Fantasie, Beweglichkeit, Lebensfreude, über ihren Mut und Tatendrang und helfen, Lebens(t)räume zu gestalten, in denen es für jedes Kind möglich wird, sein individuelles Wesen zu entfalten.

Damit fördern sie die Lebens- und Willenskräfte der Kleinen, die so einen gesunden Körper, einen wachen Verstand und ein feinsinniges Gefühlsleben ausbilden können. Die natürlichen Bedürfnisse wie Spieltrieb, Experimentierfreude und Bewegungsdrang werden verlebendigt, ein naturwissenschaftliches Grundverständnis wird angebahnt, und durch die jahreszeitlich bezogenen Themen wird den Kindern in unserem sonst oft so hektischen und naturabgewandten Zeitgeschehen eine Orientierungshilfe geboten, sich im eigenen Lebensumfeld mit dem jeweiligen Jahreszeitenrhythmus zurechtzufinden, um einen eigenen Standpunkt zu erlangen.

Sprichwörter wie «Messer, Gabel, Schere, Licht sind für kleine Kinder nicht» gehören hier der Vergangenheit an. Erwachsene, die sich freudig bemühen, auch ihr handwerkliches Geschick zu vervollkommnen, leiten durch ihr Vorbild die Kleinen dazu an, mit scharfen Messern und Sägen, spitzen Bohrern und Scheren, starken Hacken und Spaten geschickt und tatkräftig ihre praktische Intelligenz zu entwickeln. Es gibt kein So-tun-als-Ob, sondern hier darf sich jeder an richtiger und wichtiger Arbeit beteiligen, damit Eigenverantwortlichkeit erwachsen kann.

Ein frohes Lied motiviert dazu, auch bei der anstrengendsten Arbeit den Rhythmus nicht zu verlieren, und ausgewählte Geschichten – erzählt in einer heimeligen Pausenlaube – bereichern den Erfahrungsschatz und schaffen eine lebendige Verbindung zur Sprachwelt.
Die einzelnen Sachbereiche erfassen Zusammenhänge menschlicher Existenzgrundlagen wie Ernährung, Bekleidung, Behausung und führen zu einem neuen Wertbewusstsein. Gartenbau, Tierpflege, das Leben mit den Naturelementen Feuer, Wasser, Luft und Erde sowie viel Bewegung in vielgestaltigen Naturaußengeländen stärken die physische Entwicklung und fördern die sinnliche Wahrnehmung und das seelische Wohlbefinden. Durch zahlreiche Handwerkstätigkeiten werden Grob- und Feinmotorik ausgebildet. Geordnete Arbeitsabläufe – von rhythmischen Sprachelementen begleitet – erleichtern den Spracherwerb.
Eine positive Einstellung zur Arbeit wird ausgeprägt. Sinnerfülltes Tätigsein weckt den Wunsch, eigene Freiräume für fantasievolle Ausdrucksmöglichkeiten und kreatives kindliches Schaffen zu ergreifen.
In der näheren Nachbarschaft wie auch in der weiteren Umgebung finden sich immer mehr freundliche Mitmenschen, die als Gäste kommen, als spezielle Meister ihres Faches das bunte Treiben mitgestalten und zu treuen Freunden und Förderern werden.

Durch das bewusste Einbeziehen interkultureller und generationsverbindender Gegebenheiten und unter dem Aspekt des künstlerischen Gestaltens ist die Arbeit gezielt gegenwartsbezogen, zugleich aber auch zukunftsweisend. So lernen Kinder verschiedener Kultur- und Religionszugehörigkeiten, in Toleranz und Akzeptanz miteinander zu leben.
Mit der Hilfe aller Beteiligten werden aus ehemals einsamen Inseln der Bildung und Erziehung nun wissende und könnende Netzwerkpartner, die sich zusammen mit der Natur-Kinder-Garten-Werkstatt an einer tiefgreifenden gesellschaftlichen Neuorientierung im Sinne einer *neuen sozialen Kultur* beteiligen. Sie formulieren: Wenn die Welt zu mir gehört und ich ein liebender und geliebter Teil von ihr werde, so erwächst daraus ein neues Gefühl des Selbst-Bewusst-Seins. Das alte philosophische Prinzip von Descartes, «Ich denke, also bin ich», findet Erweiterung in dem Kernsatz «Ich nehme teil, also bin ich».
Dabei geht es ihnen nicht etwa um ein «Zurück zur Natur» im Sinne einer Verteufelung von Technik und Fortschritt, deren Segen wir ja alle nutzen, sondern vielmehr um ein *Bewusstsein der Verbundenheit mit der Welt im Einklang mit den Errungenschaften der modernen Zivilisation. Also: vorwärts mit der Natur!*

Mit diesem «Lebensrad» hat Annabell (sechs Jahre) intuitiv und bildhaft das menschliche Verbundensein mit Himmel und Erde dargestellt.

Allen Beteiligten liegt es am Herzen, sich mit den jahreszeitlichen Naturzusammenhängen und den sich daraus ergebenden Aufgaben vertraut zu machen, um auf diese Weise wieder in Einklang mit den Lebensgrundlagen menschlicher Existenz zu kommen. Sie halten nicht nur Umschau auf unserer Erde, sondern interessieren sich auch für die kosmischen Gegebenheiten, die unseren Lebensrhythmus beeinflussen, und entwickeln eine für die Zukunft bedeutsame Fragehaltung.

JUNI:

KRÄUTER VERARBEITEN

Den Kräutern wohnt ein Zauber inne

Im Juni erreicht die Sonne den höchsten Stand ihrer Jahresbahn. Sie durchflutet die Natur mit ihrem Licht und verleiht ihr Glanz und Wärme. Unter dem Tierkreiszeichen der Zwillinge erreichen die Wachstums- und Werdekräfte ihren Höhepunkt. Gleichzeitig mit dem höchsten Sonnenstand entwickelt sich in der Pflanzenwelt die Zweigeschlechtlichkeit, die sich in jeder Blüte offenbart. Die Pflanzen in Garten, Feld und Flur bringen in unendlicher Vielfalt die Formen- und Farbenpracht ihrer Blüten hervor, oft gepaart mit wunderbaren Düften. Das ist die Zeit der Sommersonnenwende.

Während im Frühling – also unter den Tierkreiszeichen Widder (♈), Stier (♉) und Zwillinge (♊) – das Entwicklungsbild der Pflanzen ganz nach außen sich öffnend erscheint, zeigt sich nun, nach der Sonnenwende, eine sich wandelnde Richtungstendenz: Unter dem Tierkreiszeichen Krebs (♋) strebt alles wieder nach Vereinigung, und die Wendung nach innen beginnt. Erste sichtbare Anzeichen der Fruchtbildung zeigen sich. In der Symbolik des Krebszeichens lässt sich die weibliche Seite als empfangendes Gefäß deuten, und die männliche wird versinnbildlicht durch ein Sicheinsenken. So wie die Sonne sich «wendet», also förmlich ein Rückwärtsgehen einleitet, ist der Krebs als perfekter Rückwärtsläufer das ideale Sinnbild dieser Jahreszeitenphase.

Schon in vorgeschichtlicher Zeit sammelten die Menschen heilende und wohlschmeckende Kräuter, kurz bevor die Sonne ihren Höchststand erreicht hat, weil dann die Heilkräfte am größten sind. Aus alten Schriften, Zeichnungen und Drogensammlungen geht hervor, welches Wissen z.B. schon die altägyptischen Priesterärzte hatten. Die Aufzeichnungen des Hippokrates und des Plinius galten als Vorbilder für die ersten Kräuterbücher, die im Mittelalter und der frühen Neuzeit in Europa gedruckt wurden. Ihre Verfasser waren entweder Mönche oder Nonnen, wie z.B. Hildegard von Bingen, oder der Arzt Paracelsus. Sie legten sich Kräutergärten an und lernten manches auch durch fahrendes Volk, Schafhirten und Kräuterfrauen kennen.

Obwohl sie die Heilkraft so mancher Pflanze nur erahnten, ist es erstaunlich, wie sicher sie sich diese Kräfte zunutze machten. Heilkunst und Heilkunde zählten zu jener Zeit noch zu den Erfahrungswissenschaften, und

man wendete sie mit großer Sicherheit zum Wohle des Patienten an.

Vor etwa einhundert Jahren beschäftigte sich der Wörishofener Pfarrer Sebastian Kneipp intensiv mit der Heilpflanzenkunde. Erst damals begann man, die Pflanzen im Sinne der modernen, analytischen Wissenschaft auf ihre chemischen Inhaltsstoffe zu untersuchen und sie aufgrund ihrer heilenden Wirkstoffe einzuteilen.

Richtig angewendet, können Heilkräuter nicht schaden. Am besten ist es, sie vorbeugend, also zur Erhaltung der Gesundheit, anzuwenden. Dazu eignen sich am ehesten die bekannten Küchen- bzw. Würzkräuter, die man möglichst regelmäßig der Nahrung beigibt.

Im Kinder- und Schulgarten sollte ein vielseitiges Kräuterbeet nicht fehlen. Empfehlenswert ist das Anlegen einer Kräuterspirale für Gewürzpflanzen (siehe rechts).

Der Kräutergarten

Kräuter im Garten können vielen Zwecken dienen. Oft sind sie gleichzeitig Heil- und Gewürzpflanzen, denen ätherische Öle, Gerb- und Bitterstoffe einen arttypischen Geschmack und Duft verleihen. Duftende Kräuter wirken positiv auf die Psyche, werden zur Körperpflege verwandt und locken Insekten an, denen sie Nahrung bieten. Kräuter zeigen sich überwiegend noch in ihren Urformen so, wie sie in der Natur anzutreffen sind. In Mischkulturen tragen sie zur Bodengesundheit bei und dienen dem biologischen Pflanzenschutz.

Anlage eines Kräuterbeetes

Die Heimat vieler Küchenkräuter liegt im Mittelmeerraum; nur in voller Sonne werden die aromatischen Stoffe gebildet. Das Wärmebedürfnis der Kräuter wird durch Südlage des Beetes berücksichtigt. Hauswände sowie in das Beet verteilte Bruchsteine speichern und reflektieren die Wärme.
Die Vorbereitungen für die Beetanlagen sollten im Herbst getroffen werden. Der Boden soll humusreich und durchlässig sein. Eine regelmäßige Düngung ist nicht erforderlich, sie könnte sich nachteilig auf den Geschmack der Kräuter auswirken.
Schwere Böden werden durch Sand durchlässiger. Pflanzen, die auf Trockenmauern gedeihen, erhalten eine mit Steinen durchsetzte Erde; für kalkliebende Pflanzen sollte kalkhaltiges Gestein verwendet und der Boden entsprechend vorbereitet werden.
Starkwüchsige oder buschige Pflanzen werden in den Hintergrund gepflanzt, damit die Entwicklung und Pflege der kleineren Kräuter nicht behindert wird. Ein- und zweijährige Kräuter werden im Frühjahr ausgesät.

Mit freundlicher Genehmigung von:

- *Natur- und Umweltschutz-Akademie NRW (NUA) Postfach 10 10 51, 45610 Recklinghausen*
- *Arbeitskreis VHS-Biogarten, Volkshochschule Düsseldorf, 40200 Düsseldorf*

Die Kräuterspirale

Während viele Kräuter Sonne und trockene Standorte lieben, benötigen einige andere leichte Beschattung und feuchte Böden oder sogar seichtes Wasser. Die Kräuterspirale kann jedem Kraut einen passenden Lebensraum bieten, wenn die Grundfläche ausreichend groß ist. Bei kleinen Flächen sollte man auf starkwüchsige Kräuter verzichten. An einem sonnigen Platz wird zunächst die Trockenmauer aufgeschichtet. Die Innenräume werden mit kalkhaltigem Bauschutt oder Steinen aufgefüllt. Der obere Bereich der Spirale erhält einen mageren Oberboden-Standort für anspruchslose und wärmebedürftige Kräuter (z.B. Thymian). Der untere, nach Norden liegende Abschnitt wird mit Gartenerde und Kompost aufgefüllt. Hier können schattenverträgliche Kräuter mit höherem Nährstoffbedarf gepflanzt werden (z.B. Petersilie). Am Fuß der Spirale kann ein kleiner Teich angelegt werden als Standort für z.B. Brunnenkresse und Wasserminze.

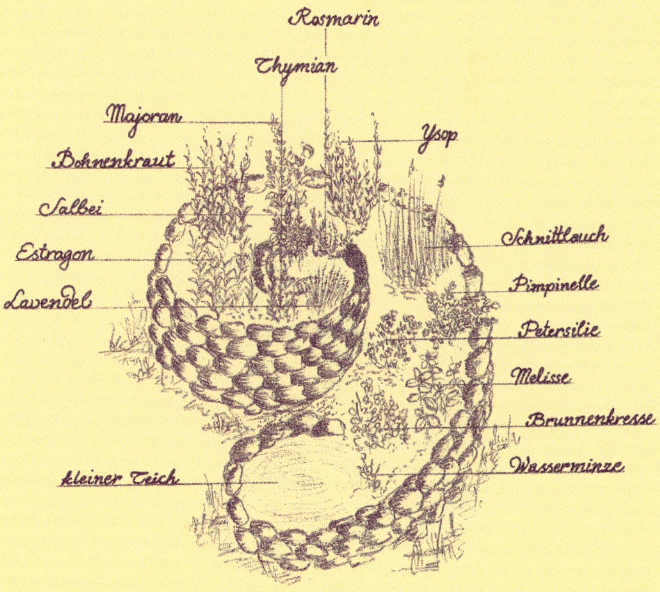

Kräuterspirale

Mehrsprachige Liste beliebter Kräuter

	Deutsch	Botanische Bezeichnung	Englisch	Französisch	Spanisch	Italienisch	Türkisch	Arabisch	Russisch
1	der Salbei	Salvia officinalis	sage	la sauge	la salvia, la banderilla	la salvia	adaçayı, meryemiye	hakim	шалфей
2	der Rosmarin	Rosmarinus officinalis	rosemary	le romarin	el romero	il rosmarino	biberiye	nadaa aljabal	розмарин
3	der Oregano, auch Origano	Origanum vulgare	oregano, origan	l'origan (m)	el orégano	il oregano	yabani mercanköşk baharatı	tawabil	душица обыкновенная
4	der Majoran echter Majoran wilder Majoran	Origanum majorana	marjoram sweet marjoram origan	la marjolaine	la mejorana, el orégano	la maggiorana	mercanköşk	murdaqush	майоран душица
5	der Liebstöckel	Levisticum officinale	lovage	la livèche	apio del monte, apio levístico	il levistico, il ligustico il sedano di monte	selâmotu	kashm	любисток
6	der Estragon	Artemisia dracunculus	tarragon	l'estragon (m)	el estragón, el dragoncillo	il estragone, il dragoncello	tarhun	alttarkhun	эстрагон
7	das Basilikum	Ocimum basilicum	basil	le basilic	la albahaca	il basilico	fesleğen, reyhan	rihan	базилик
8	der Beifuß	Artemisia vulgaris	mugwort	l'armoise	la artemisa, hierba de San Juan	la artemisia	pelin	Mugwort	чернобыльник
9	das Bohnenkraut	Satureja hortensis	savory summer savory	la sarriette	la ajedrea ajedrea de jardín	la santoreggia	kekik	fatih lilshshahia	чабер [бот.]
10	die Petersilie	Petroselinum crispum	parsley	le persil	el perejil	il prezzemolo	maydanoz	albaqdunis	петрушка
11	der Schnittlauch	Allium schoenoprasum	chives (pl)	la ciboulette, la civelle, la cive	el cebollino	la cipollina erba cipollina	soğancık chives	alththawm almueammar	Зеленый лук
12	der Paprika, die Paprika	Capsicum annuum	capiscum (bot), pepper (spice), pepper (vegetable)	le paprika, le piment (cuis) le poivron	la páprika (bot), el pimentón (bot), el pimiento, el ají	la paprica, paprika (gew), il peperone il peperoncino	Biber	falfal 'ahmar	перцы
13	der Dill	Anethum graveolens	dill	l'aneth (m), fenouil bâtard (cuis)	el abesón, el aneldo, el eneldo, hediondo, hinojo hediondo	il aneto	dereotu	shbbat	укроп
14	die Brennnessel	Urtica spec.	nettle	la ortie	la ortiga	la ortica	Isırgan, ballıbaba, ısırgan gibi batmak	nabb'at alqarras ladhie	крапива
15	der Bärlauch	Allium ursinum	bear's garlic, wild garlic, wood garlic	ail des bois, ramsons, ail des oursgarlic	el ajo de oso	il aglio orsino	yabani sarımsak	Ramson	черемша

	Deutsch	Botanische Bezeichnung	Englisch	Französisch	Spanisch	Italienisch	Türkisch	Arabisch	Russisch
16	der Meerrettich	Armoracia rusticana	horseradish	le raifort	rábano picante	armoraccio, barbaforte, crenno, rafano, ramolaccio	horseradish	fajal harr	хрен
17	der Knoblauch	Allium sativum	garlic	il ail	el ajo	il aglio	sarımsak	thawm	чеснок
18	der Sellerie	Apium vapaceum	celeriac, celery, smallage	l'ache (f), le céleri	el apio	il sedano	Kereviz	karfs	сельдерей
19	der Rucola, auch Rukola	Rucola spec.	rocket, arugula, roquette	roquette	la rucola	la rucola	roket	jarjir	ракеты,руколой
20	die Weinraute	Ruta graveolens	rue	rue	la ruda	la ruda	sedefotu	hadiqat almas	рута
21	der Borretsch	Borago officinalis	borage	la bourrache	la borraja	la borragine	Hodan	lisan alththawr	Огуречник аптечный
22	der Ysop	Hyssopus officinalis	hyssop	l'hysope (f)	el hisopo	il issopo	cördük, zufa otu, çördük otu	zufa nabb'at	иссоп аптечный
23	die Eberraute	Artemisia abrotanum	Southernwood	Southernwood	ajenjo	abrotano	Southern-wood	shayh abrotanum	Кустарниковая полынь
24	die Pimpinelle die Bibernellen	Pimpinella anisum	burnet, pimpernel	la pimprenelle	murajes	mordigallina	farekulağı	Pimpinella	очный цвет
25	die Kapuziner-kresse	Tropaeolum spec.	nasturtium, Indian cress	capucin	capuchina	nasturzio	lâtin çiçeği	alkubusin 'abu khanjar	настурция, капуцин
26	das Bergbohnen-kraut	Satureja montana	mountain Savory, saturia	mountain savory saturia	montaña savory	mountain savory	dağ savory	ladhidha alshshita'	горный чабер, сатурия
27	der Fenchel	Foeniculum vulgare	fennel	le fenouil	el hinojo	il finocchio	rezene	shamr	фенхель
28	die Melisse	Melissa officinalis	balm, melissa	la mélisse	la melisa	la melissa	balm	marrahum eatari	бальзам
29	die Pfefferminze	Mentha x piperita	peppermint	menthe poivrée	la menta	la menta	nane şekeri	nenae	мята перечная
30	der Wermut	Artemisia absinthium	vermouth	il vermouth	el vermut	il vermout, il assenzio	Vermut, pelin otu	nawe min alkhamr	Полынь, вермут
31	die Arnika	Arnica montana	arnica	l'arnica (f)	la árnica	la arnica	Arnika, arnika ilacı	zahrat aleatas	арника
32	die Ringelblume Calendula	Calendula officinalis	marigold, calendula	le souci	la caléndula	la calendula	kadife çiçeği	aladhariuwn nabb'at	бархатцы
33	der Lavendel	Lavandula officinalis	lavender	la lavande	el espliego, la lavanda	la lavanda	lavanta	alkhizami	лаванда
34	der Baldrian	Valeriana officinalis	valerian	la valériane	la valeriana	la valeriana	kediotu	alnnaridin nabb'at	Валериана, валерьянка

☐ Würzkräuter ☐ Teekräuter ☐ Heilkräuter

Die Bildnummern entsprechen der Kräuterliste

Literatur

Andrea Rausch und Brigitte Lotz, *Dumonts kleines Kräuterlexikon*. Dörfler-Verlag, Eggolsheim 2004

Marie-Luise Kreuter, *Kräuter und Gewürze aus dem eigenen Garten*. BLV, München 2009

Das Kräuter-ABC

Eine Auswahl der wichtigsten Arznei-, Duft- und Würzpflanzen

	Verwendung: Duft (D) Arznei (A) Würze (W)	Wuchshöhe in cm; Wachs-eigenschaften: stark (ST) hoch (H) breit (B)	Vermehrung: Aussaat (A) Teilen (T) Steckling (S) Wurzel-ausläufer (W)	Ernte	Boden, Standort	Besondere Merkmale
Einjährige Kräuter						
Basilikum	W	15 – 60	A ab Mai Lichtkeimer	VI – VIII	humos, durchlüftet, sonnig, warm	Insektenweide, schwer zu ziehen
Bohnenkraut	WA	30 – 50	A	IV – VII	anspruchslos	
Borretsch	W	bis 80 ST, H, B	A ab April, selbst aussamend	V – IX	nährstoffreich, kalkhaltig, sonnig	Bienenweide, Blüten essbar, braucht Platz
Dill	W	50 – 120	ab April unter Folie	IV – VI vor Blüte	warm, kalkhaltig	
Kamille	A, D	20 – 50	A ab April	V – X	sonnig	Insektenfutter-pflanze
Kapuzinerkresse	W	bis 30	A ab Ende April	VI – IX	anspruchslos, frostempfindlich	Blüten essbar
Kerbel	W	30 – 50	A ab März	V – X	ausreichende Bodenfeuchte, sonst frühe Blüte	Insektenfutter-pflanze
Majoran	W, D, A	bis 50	A ab Mai	VII – IX vor Blüte	durchlässig, warm	
Ringelblume	A	30 – 50	ab März selbst aussamend	VI – VIII	anspruchslos	Insektenweide, bodengesundend

	Verwendung: Duft (D) Arznei (A) Würze (W)	Wuchshöhe in cm; Wachs-eigenschaften: stark (ST) hoch (H) breit (B)	Vermehrung: Aussaat (A) Teilen (T) Steckling (S) Wurzel-ausläufer (W)	Ernte	Boden, Standort	Besondere Merkmale
Zweijährige Kräuter						
Barbarakraut	W	30 – 60	A Frühjahr und Spätsommer	V – XII	feucht, lehmig	auch im Winter zu ernten
Kümmel	W, A	30 – 60	A ab April Lichtkeimer	VI – IX	tiefgründig, feucht	schlechter Fenchelnachbar
Petersilie	W	bis 30	A ab März	IV – XII	humos, feucht, Halbschatten	
Mehrjährige Stauden						
Schnittlauch	W	20 – 30	A ab März T	IV – X	kalkig, feucht, auch Halbschatten	schmackhafte Blüte, öfter umpflanzen
Beifuß	W	50 – 150 ST	A im Frühjahr T	VI – X	anspruchslos	Nützlingsfutter-pflanze
Beinwell	A	50 – 100 ST	A im Frühjahr T	IV – VI	anspruchslos	Insektenweide, Tiefwurzler, Pflanzenjauche
Bergbohnenkraut	W, A	30 – 50	A Lichtkeimer T	V – VII	anspruchslos, auch Steingärten	Insektenweide
Dost (Oregano)	W, D, A	20 – 50 B	T, W	VII – X	warm, trocken, kalkhaltig	Insektenweide, nach der Blüte tief zurückschneiden
Eberraute	W, D, A	80 – 100 ST	S, T		kalkig, humos, trocken	Beeteinfassung, wehrt durch Duft Insekten ab
Estragon	W, D, A	60 – 150	W	V – IX	feucht, warm	Pflanzenjauche, Winterschutz
Fenchel	W, A	80 – 200 H	A	VIII – IX	kalkig, nährstoff-reich, Sonne	Insektenweide

	Verwendung: Duft (D) Arznei (A) Würze (W)	Wuchshöhe in cm; Wachseigenschaften: stark (ST) hoch (H) breit (B)	Vermehrung: Aussaat (A) Teilen (T) Steckling (S) Wurzelausläufer (W)	Ernte	Boden, Standort	Besondere Merkmale
Lavendel	A, W, D	30 – 60 B	A, S	VI – VII als Arznei vor Blüte	kalkig, trocken, Sonne	Insektenweide, Duftpflanze
Liebstöckel (Maggikraut)	W	bis 180 ST, H, B	A, T	V – X	feucht, auch Halbschatten	
Meerrettich	W, A	bis 120, bildet starke Ausläufer	A im März W im Vorjahr pflanzen	XII – III Wurzeln	humos, feucht, tiefgründig	als Spritzbrühe vorbeugend gegen Pilzerkrankungen
Minzearten	A, W, D	40 – 80 ST, B Ausläufer	W alle 2 – 3 Jahre verjüngen	VI – X	humos, feucht	Insektenweide, Futterpflanze, wuchernd
Pimpinelle	W	30 – 60	T	V – X	anspruchslos	nach Jahren umpflanzen
Rosmarin	A, W, D	50 – 150 H, B	S	IV – VI	humos, Sonne, durchlässig, kalkhaltig	Winterschutz erforderlich
Salbei	A, W, D	40 – 70 B	T, S	VI – X	humos, Sonne, durchlässig	Insektenweide, Futterpflanze, Winterschutz
Sauerampfer	W	30 – 80	A, T		immer feucht	
Thymianarten	A, W, D	bis 30	A, T, S	V – VII	trocken, Sonne, Steingarten, kalkhaltig	
Ysop	A, W, D (Soßen)	40 – 60	T, S	VII – X	locker, trocken	Insektenweide

Mit freundlicher Genehmigung von:

- *Natur- und Umweltschutz-Akademie NRW (NUA) Postfach 10 10 51, 45610 Recklinghausen*
- *Arbeitskreis VHS-Biogarten, Volkshochschule Düsseldorf, 40200 Düsseldorf*

Hochbeete für Kräuter

Kinder und Eltern zeigen erfahrungsgemäß reges Interesse am Umgang mit Kräutern und legen, wenn möglich, zu Hause ebenfalls Kräuterbeete an. Auch mit Töpfen, Kübeln und Hochbeeten lässt sich viel erreichen, falls wenig Platz vorhanden ist (siehe das April-Kapitel in Band 1).

Ideale Hochbeete für Kinder, leicht zu bauen. Auf 1 m^2 Grundfläche entstehen ca. 5 m^2 Pflanzfläche. Waagerecht schräg eingesetzte Lamellenbretter ermöglichen seitliche Pflanzstufen, die bequem zu beobachten, zu pflegen und zu beernten sind.

Bei einem Hochbeet mit schräg gestellten Pfosten können Licht und Wasser besser einwirken. Allerdings ist es etwas schwieriger zu bauen.

Bei Hochbeeten kann man täglich frische Würzkräuter schneiden und daraus Kräuterbutter, -quark, -öl, -essig, -salz und vieles andere bereiten.

Wenn genügend Platz vorhanden ist, können auch Hügelbeete für Kräuter angelegt werden. Zur Sonne ausgerichtet, bieten sie Kräutern einen beliebten Daseinsort.

Kräuter verarbeiten – elementare Erfahrungen für Kinder

Im Zusammenhang mit der Kräuterverarbeitung lässt sich auch die Frage aufwerfen, in welchem Maß intellektuell ausgedachte programmorientierte und somit künstliche didaktische Materialien für die kindliche Sinnesentwicklung überhaupt notwendig sind, wenn die unmittelbare natürliche Umgebung den Kindern möglichst vielfältig gegenübertritt. Man denke allein an die Blattformen unserer Pflanzen! Wie fein lassen sich

1 – 3: Das Verarbeiten von Kräutern ist mit einer unglaublichen Sinnenfreude verbunden. Durch Schauen, Riechen, Schmecken und Tasten lernen die Kinder auf ganz natürliche Weise die unterschiedlichen Kräuterpflanzen kennen. 4: Immer wieder ergibt sich bei der Kräuterverarbeitung, wie hier im Bergischen Freilichtmuseum für Ökologie und bäuerlich-handwerkliche Kultur in Lindlar, eine Situation, in der die Kinder lebenspraktische Handlungsabläufe in ihrer Gesamtheit überblicken können.

Der Umgang mit Kräutern

Meine Kinder haben sie die «Lakritz-Pflanze» genannt: die Süßdolde (Myrrhis odovata). Ab und zu zupfen sie sich ein Blättchen der in einer Gartenecke wachsenden Staude ab und schnuppern das intensive Lakritzaroma. Immer wieder gibt es dann ein großes «Hallo!»
Kindliches Erkunden und sinnliches Entdecken bieten eine breite Grundlage für den Umgang mit Kräutern. Ob Zitronenmelisse, Oregano oder Minze – die Erfahrung, dass Kräuter aus der Natur solch intensive Aromen entfalten, löst Staunen und Neugierde aus.
Der Umgang mit Kräutern bietet eine Fülle von Möglichkeiten in der pädagogischen Arbeit mit Kindern. Die Erkenntnis, dass mithilfe der Kräuter leckere Speisen entstehen können und nicht nur Tiefkühltruhe oder Schnellrestaurants Essbares bieten, öffnet das Verständnis für Herkunft und Verarbeitung von Nahrungsmitteln.
Die Gelegenheit, Kräuter selbst auszusäen, zu pflegen, zu ernten und daraus einen Teil einer Mahlzeit herzustellen, ist für die Kinder eine Herausforderung. Sie spielerisch zu bewältigen ist ein kleines Stück Weg in die Selbstständigkeit und die Verantwortung für die Welt von morgen.

Dr. Gero Karthaus, Politiker, Ökologe, Landschaftsarchitekt, Schriftsteller

1: Ein Duftsäckchen zu nähen und mit Lavendel zu füllen regt handwerkliches Geschick und Konzentration an und fördert die praktische Intelligenz.
2: Mit Genuss essen die Kinder Vollwertbrote mit Butter und frisch geschnittenen Kräutern oder mit Kräutersalz. Dazu gibt's Pfefferminztee – und schon ist eine köstliche Mahlzeit mit geringem Aufwand kostengünstig bereitet.

doch Grüntöne differenzieren! Welch unverkennbare würzige Düfte gehen von den Kräuterpflanzen aus!
Kinder, die tagtäglich mit diesen Qualitäten umgehen durften, lernen in ihrer Kindergartenzeit, selbstständig und sicher mit Würzpflanzen umzugehen, wenn der Erwachsene ihnen dies vorlebt.
Einrichtungen, in denen täglich die Mahlzeiten selbst frisch hergerichtet und gemeinsam verzehrt werden, sind da im Vorteil (siehe S. 30–33 und August-Kapitel sowie September-Kapitel in Band 3).

Kräuterrezepte

Hier einige Kräuterrezepte der Umwelt- und Museumspädagogin Marianne Frielingsdorf aus Lindlar, die sich mit Kindern einfach zubereiten lassen und sehr lecker schmecken. Alle Rezeptvorschläge sollten je nach Geschmack und Vorliebe immer wieder einmal variiert werden.

Gartenkräuterbutter

Eine Handvoll frisch geerntete und gewaschene Gartenkräuter wie Estragon, Thymian, Majoran, Rosmarin, Liebstöckel, Schnittlauch, Knoblauch, Zwiebelgrün, Petersilie, Kerbel, Ysop und Bergbohnenkraut fein hacken und mit einer Gabel zu 250 g Butter geben. Sehr kräftig durchkneten und mit etwas Salz abschmecken.

Gundermann-Kräuterbutter

Butter cremig rühren, salzen und nach Geschmack reichlich fein gehackte Gundermannblättchen einkneten. Gut durchziehen lassen und mit einer Ranke Gundermann verzieren. Schmeckt ausgezeichnet zu frischem Brot.

Gartenkräuterquark

(Als Brotaufstreich oder zu jungen Kartoffeln)

Zwei Esslöffel Sahne, einen gestrichenen Teelöffel Salz, Saft einer halben Zitrone und eine fein geschnittene Zwiebel mit 500 g Quark und so viel Milch mischen, dass eine streichfähige Masse entsteht. Eine Kräutermischung wie für die Gartenkräuterbutter vorbereiten und hinzugeben.

Wildkräuterquark

Bei einem Spaziergang finden wir die verschiedensten Wildkräuter. Um einen Quark kräftig zu würzen, nehmen wir viel Knoblauchsrauke, etwas Sauerampfer, Weidenröschen und Spitzwegerich. Wenig Liebstöckel aus dem Garten und etwas Salz runden den Geschmack ab.

Kräuteröl

(Sehr gut an Blattsalaten)

Man gibt in eine Flasche kaltgepresstes Sonnenblumen- oder Distelöl sorgfältig verlesene und ganz trockene Kräuterzweige von Estragon, Ysop, Majoran, Thymian, Liebstöckel und Bergbohnenkraut hinein; evtl. auch Knoblauchzehen. Bitte stets darauf achten, dass die Kräuter gut mit Öl bedeckt sind, sonst setzt Schimmelbildung ein! Das Kräuteröl mehrere Wochen durchziehen lassen und schließlich mit Trichter und Sieb in eine schöne saubere Flasche umfüllen, wobei die Kräuter zurückbleiben.

Kräutersalz

Ein Esslöffel gutes reines Meersalz in einen Mörser geben. Von verschiedenen Trockenkräutern, die aus dem Vorjahr noch übrig sind, kleine Mengen dazugeben und mit dem Salz verreiben. Dieses Konzentrat dann mit 250 g Salz vermischen und gut verschließen.

Die Kinder bestreuen damit gerne selbst gebackenes Brot (siehe August-Kapitel, Seite 87 und 90 f.).

Kräuterpfannkuchen
(Für 12 Personen)
750 g Mehl, 6 Eier, 1 l Milch und 3 Teelöffel Salz mit einer Tasse frisch gehackter Kräuter verrühren und in heißem Fett in der Pfanne ausbacken.

Frischkäse mit Wildkräutern
Frischkäse mit Salz und Pfeffer würzen und Ackersenfblätter, Brennnesselblüten und -samen (sie sind schön knackig!) klein gehackt hinzufügen. Zur Dekoration: lila Weidenröschenblüten und Kleeblätter.

Grünkern-Wildkräuter-Brotaufstrich
100 g mittelfein gemahlenen Grünkern in 1 l Gemüsebrühe weich kochen, noch warm mit Salz und Pfeffer abschmecken und eine gewürfelte Zwiebel zufügen. Nach Belieben mit fein gehacktem Giersch würzen.

Rhabarber-Gundermann-Marmelade
500 g Rhabarber in ganz wenig Wasser garen, 250 g Einmachzucker einrühren und eine Hand voll geschnittene Gundermannblättchen hinzufügen, kurz aufkochen lassen und in Schraubgläser füllen.

Erdbeeren mit Salbei
(Etwas ungewöhnlich, aber der Geschmack ist sensationell!)
Bei der Erdbeerernte im Garten pflücken wir frische Salbeiblättchen direkt dazu. Für ca. 500 g Erdbeeren werden 20 Salbeiblättchen klein geschnitten; mit Honig nach Geschmack süßen.

Holunderblütensaft
10 l Wasser mit 10 Holunderblütendolden, drei unbehandelten, in Scheiben geschnittenen Zitronen und ¼ l Wein- oder Apfelessig zwei Tage lang ziehen lassen, mit Honig oder Zucker nach Geschmack süßen und immer wieder mal umrühren. Nun ist der Saft trinkfertig.

Holunderblüten-Himbeeressig
Wenn die letzten Holunderblüten blühen, sind die ersten Himbeeren reif. Dann ist es an der Zeit, dass eine schöne Flasche mit einer großen Tasse reifer Himbeeren gefüllt und eine Holunderblütendolde vorsichtig zu den Früchten gegeben wird. Alles wird mit Obstessig übergossen, bis die Flasche gefüllt ist. Nach 4 – 6 Wochen kann zum ersten Mal probiert werden: Ein kleiner Schluck Holunderblüten-Himbeeressig wird mit etwas Honig in einem Glas verrührt und mit kaltem Wasser aufgefüllt.
Hmmm ... das löscht den Durst!

Rosenessig
Rosenblütenessig kann auf die gleiche Weise wie Holunderblüten-Himbeeressig hergestellt werden. Dazu wird ein Gefäß zur Hälfte mit duftenden Rosenblütenblättern gefüllt und Obstessig dazugegossen. Bei geschlossenem Deckel wird alles 4 – 6 Wochen stehen gelassen – aber nur ab und zu einmal daran schnuppern, falls die Neugierde allzu groß geworden ist ...

Rosenzucker
Eine große Doppelhand stark duftende Rosenblätter trocknen, dann ganz fein zerbröseln und unter ca. 200 g Zucker rühren, was diesen angenehm duften lässt. Mit Rosenzucker lässt sich vieles verfeinern, z.B. Tee, süße Soßen, Kuchen, Gebäck und Joghurt.

Wildgemüsesalat
Beim Wandern durch die Natur lassen sich viele Kräuter sammeln und zu einem schmackhaften Salat zubereiten. Wir finden Gänseblümchen, Knoblauchsrauke, Brennnessel, Vogelmiere, Sauerampfer, Weidenröschen, Gundermann, Beinwell, Giersch, Löwenzahn, Spitzwegerich, Melde, Gänsefuß und vieles mehr.
Wer die Pflanzen gut kennt, kann ausprobieren, was am besten schmeckt. Beim Sammeln sollte man nur die schönsten Blättchen pflücken, dann braucht nachher nicht sortiert zu werden. Alle Blätter kurz waschen, in eine große Schüssel geben und mit Löwenzahn, Gänseblümchen und Kleeblüten verzieren. Erst bevor gegessen wird, die Marinade aus Öl, Essig, Honig, Salz und Pfeffer unterrühren.

Wildgemüseeintopf
Eine große Doppelhand voll frischer, junger Kräuter sucht man für diese Kräutersuppe (z.B. Spitzwegerich, Sauerampfer, Schafgarbe, Giersch und Brennnesseln).
1 kg Kartoffeln, geschält und gewürfelt, werden mit zwei klein geschnittenen Zwiebeln in wenig Butter angedünstet. Nun wird Brühe aufgefüllt, bis die Kartoffeln fast bedeckt sind. Dann wird alles gegart, und kurz vor dem Ende des Kochvorgangs werden die gewaschenen, zerkleinerten Wildkräuter hinzugegeben.
Zum Schluss mit Milch auffüllen oder Sahne hinzugeben, evtl. mit Salz und Pfeffer abschmecken.
Schnittlauchsuppe und *Brennnesselsuppe* sind Abwandlungen dieses Rezepts. Sie werden genauso zubereitet, statt verschiedener Kräuter werden aber jeweils nur Schnittlauch oder Brennnesseln verwendet.
Dies sind alte Rezepte aus unserer Region.

Salbei- oder Brennnesselmäuse
Zwei Eier mit 200 g Mehl, etwas Milch und einer Prise Salz verrühren. – Frische Salbei- oder Brennnesselblätter mit Stiel in die Eierteigmasse tauchen und in einer Pfanne mit Öl ausbacken. Die Blätter blähen sich beim Backen auf, sodass sie wie kleine Mäuse (Stiel als Schwänzchen) aussehen. Vor dem Genuss leicht mit Zimtzucker bestreuen!

Hustentee
Zwei saubere Spitzwegerichblätter klein schneiden und mit kochendem Wasser übergießen, 10 Minuten ziehen lassen und evtl. mit Honig süßen. Dreimal täglich eine Tasse voll trinken.

Spitzwegerich-Hustensaft
400 g Wasser mit 500 g Kandiszucker aufkochen und zwei gehäufte Doppelhände klein geschnittenen Spitzwegerich zugeben; 20 Minuten köcheln lassen, zum Aufbewahren heiß in Schraubgläser abfüllen; dreimal täglich 1 bis 2 Teelöffel einnehmen.

Zwiebel-Hustensaft gekocht
500 g Zwiebeln in 600 g Wasser mit 500 g braunem Kandiszucker einige Zeit köcheln lassen. Früher stand dieser Hustensaft auf alten Herden immer hinten, wo es nicht so warm war. 2- bis 3mal täglich einen Teelöffel in warmer Milch eingenommen wirkt Wunder.

Zwiebel-Hustensaft ungekocht
Frische Zwiebelringe in ein Schraubglas geben und mit Zucker überstreuen. An einem warmen Ort ziehen lassen, bis sich Flüssigkeit bildet. Von diesem Saft nimmt man dreimal täglich 1 bis 2 Teelöffel ein. Es stillt den Reizhusten und lässt wieder ruhig schlafen.

Ringelblumensalbe
250 g Schweineschmalz schmelzen lassen, zwei Hände voll Ringelblumenblüten dazugeben und einmal überprasseln lassen. Bis zum andern Tag alles ruhen lassen, dann leicht erwärmen und abseihen. In Schraubgläser gefüllt wird alles kühl gestellt. Dies ist eine gute Salbe bei entzündeter Haut und zur Wundbehandlung.

Salbei-Halsbonbons
200 g Zucker in einem kleinen Topf flüssig werden lassen und 20 sehr fein geschnittene Salbeiblättchen hinzufügen; gut verrühren und nun mit zwei Löffeln einzelne Bonbons auf ein gefettetes Pergamentpapier setzen. Sie schmecken gut, aber besser wäre es, ein frisches Salbeiblättchen direkt zu lutschen, da der Zuckeranteil doch recht hoch ist.

Tee
Köstlich schmeckt Pfefferminz- oder Zitronenmelissentee. Mit Freude schneiden die Kinder 2 – 3 Stängel Teekraut kurz vor dem Teekochen frisch im Garten ab, legen sie in eine Zweiliterkanne, und wir überbrühen sie mit kochendem Wasser. Der Tee schmeckt ungleich viel aromatischer als jeder im Lebensmittelhandel gekaufte und somit abgelagerte Tee.
Im Teekräuterbeet darf der *Salbei* nicht fehlen. Man schneidet die frischen Triebe vor der Knospenbildung ab (gelegentlich auch schon ab Mitte Mai) und trocknet sie zu dünnen Sträußchen fest gebunden oder auf Tüchern liegend, bis sie krachtrocken sind.
Das gilt auch für andere Teearten. Dann füllt man sie in dunkle Gläser und verwahrt den Tee für kalte Winterzeiten, wenn die Kinder von Husten und anderen Erkältungserscheinungen geplagt sind.
Den Salbei beim Teekochen besonders sparsam verwenden, sonst wird der Tee zu geschmacksintensiv. Mit etwas Honig süßen, wenn der Tee Trinktemperatur hat. Auf diese Weise schont man die kostbaren Heilkräfte des Salbei-Honigs.

Pfefferminze wird zu dünnen Sträußen gebunden und auf ein Gestell gehängt, bis sie ganz trocken ist.

Weiterführende Literatur

Für Erwachsene
Jörg Raithelhuber, *Arzneikräuter und Wildgemüse.* Falken-Verlag, Niedernhausen 1979
Markus Sommer, *Heilpflanzen. Ihr Wesen, ihre Wirkung, ihre Anwendung.* Verlag Urachhaus, Stuttgart 2013

Für Kinder
Sybille Alexander, *Das Kind der Elfenkönigin.* aus: *Am Torffeuer erzählt.* Ch. Mellinger Verlag, Stuttgart 1994
Else Schwenk-Anger, *Nur eine kleine Ameise.* Esa-Verlag, Alpirsbach 1989

Bezugsquellenadresse für ökologisch angebaute Kräuterpflanzen:
Kräuterey Lützel (Bioland)
Gabriele Pauly, Im Stillen Winkel 5
57271 Hilchenbach-Lützel
http://www.kraeuterey.de

JUNI:

SCHMETTER-LINGE ZÜCHTEN

Gaststube für Verwandlungskünstler

Lasst uns Raupen in Pflege nehmen!

Schmetterlinge gehören zu den farbenprächtigsten Lebewesen in der Natur. Insbesondere unsere Kinder freuen sich, wenn sie die gaukelnden Flugkünstler im Blumengarten oder über der blühenden Sommerwiese entdecken. Aber durch menschliches Einwirken auf die Natur schwindet die Zahl der Arten sowie die Anzahl innerhalb einer Art. Ein Drittel der europäischen Schmetterlingsarten ist vom Aussterben bedroht, weil wir Menschen z.B. Insektizide einsetzen und damit Lebensräume zerstören. Deshalb ist es bereits an der Zeit, Schmetterlinge zum Wiederaussetzen in der Natur zu züchten.
Wenn wir bedenken, dass aus einem Gelege des Tagpfauenauges oder des Kleinen Fuchses mit ca. 150 Eiern nur ein bis zwei bunte Falter ausfliegen und sich weiter vermehren können, so wird uns die Bedeutung menschlichen Eingreifens im positiven Sinne klar: Es kann zu unserer Aufgabe werden, den Schmetterlingen während ihrer mehrstufigen Entwicklungszyklen sowohl ihre Feinde als auch schlechte Witterungseinflüsse vom Leibe zu halten.
Die Raupen, Puppen und ausgebildeten Falter dienen im Naturhaushalt vielen Vogelarten zur Nahrung. Raupen werden auch gerne von parasitären Insekten als Zwischenwirte genutzt; zudem reagieren sie äußerst empfindlich auf Nässe, Kälte und Wind. Also nehmen wir sie doch einfach für eine Weile in Pflege, indem wir ihnen einen trockenen, lichten und luftigen Schutzraum und genügend Nahrung bieten.

Was man liebt, das schützt man auch.

Wo bunte Falter sich gern aufhalten

Zunächst muss gesichert sein, dass in der Umgebung auch genügend Futterpflanzen für die fertig entwickelten Falter vorhanden sind, die wir in die Freiheit entlassen. Dabei ist es gleichgültig, ob diese Pflanzen im eigenen oder im Nachbargarten stehen oder in der freien Natur vorkommen. *Bunte Blumenbeete* mit Schneeglöckchen, Märzbechern, Hyazinthen, Krokussen, Blaukissen, Judassilberling, Flockenblumen, Phacelia, Steinkresse, Tagetes, Schafgarbe, Kamille, Calendula, Cosmea, Sonnenhut, Skabiose, Goldlack, Fetthenne, Nelken, Fuchsien, Steinkraut und Herbstastern dienen als Nahrungsquelle.
Einen Teil unserer *Kräuterpflanzen*, wie Lavendel, Borretsch, Kümmel, Thymian, Kerbel, Ysop, Liebstöckel, Zitronenthymian, Salbei, Majoran, Dill, Bergbohnenkraut und andere, sollten wir als duftende Schmetterlingspflanzen auf jeden Fall teilweise ausblühen lassen.
Optimal ist natürlich die *artenreiche Magerwiese* in der Nähe mit Wegwarte, Dost, wilder Möhre, Johanniskraut, Wicken, Margeriten, verschiedenen Kleearten, Labkraut, Wiesenflockenblumen usw.
Auch eine Reihe von *Heckenpflanzen* begünstigen den Lebensraum verschiedener heimischer Falterarten: Hierzu gehören der Seidelbast, der schwarze Holunder, die Wildrose, die Schlehe, der Weißdorn, der Faulbaum, der Ginster, die Himbeere, die Brombeere, die Haselnuss, die Weide, der Kirschlorbeer und das Geißblatt.

Schmetterlinge – Sinnbilder für Schönheit

Gerade Kindern fällt er besonders auf: der erste Schmetterling im Frühjahr. Meist ist es ein umhereilender Zitronenfalter, den die Sonne Anfang März wach gekitzelt hat. Neben Schneeglöckchen und Krokussen kennzeichnet er das neu erwachende Leben besonders auffällig.
Schmetterlinge sind Sinnbild für Schönheit, Komplexität und Zerbrechlichkeit in der Natur. Insofern bieten sie als Lebewesen besondere Anknüpfungspunkte für ein spannendes Naturerlebnis. Durch ihre Verwandlung von der Raupe über die Puppe zum erwachsenen Insekt ermöglichen sie das Nachvollziehen komplexer natürlicher Entwicklungsprozesse, aber auch die Reflexion des eigenen «In-Wert-Setzens» des Lebendigen als «schön» oder «hässlich».
Aber noch viel mehr lässt sich am Beispiel der Schmetterlinge darstellen: die unauflösbare Verknüpfung von Lebensraum und Lebewesen. Kinder können erfahren, dass bunte Wiesen und Wegränder «Großtankstellen» für Schmetterlinge sind und der Schutz dieser Lebensräume letztlich ein Bewahren des Zuhauses für die bunten Falter bedeutet. Zukunftsorientiertes Handeln kann deshalb bereits damit beginnen, die Außenanlage des Kindergartens schmetterlingsfreundlicher zu gestalten.

Dr. Gero Karthaus, Politiker, Ökologe, Landschaftsarchitekt, Schriftsteller

Eine besonders beliebte Nahrungspflanze ist der *Sommerflieder,* auch Schmetterlingsstrauch oder Buddleia genannt. Dieser Strauch darf nicht fehlen, wenn man Kindern optimale Beobachtungsmöglichkeiten für Falter bieten möchte.
Die *Brennnessel* ist die wichtigste Nahrungspflanze für eine ganze Reihe heimischer Schmetterlingsraupen. Deshalb sollten wir sie unbedingt an wenig begangenen Grundstücksstellen wachsen lassen oder ansiedeln.

Kinder können heute nur selten oder nie sehen, wie ein Schmetterling seine Eier ablegt, winzige Räupchen daraus hervorkommen und wie diese sich einspinnen in ein Gespinst, das sie vor Regen, Wind und zu viel Sonne schützt, bis schließlich aus einer Puppe ein Falter herausschlüpft, seine Flügel ausbreitet und davongaukelt.
Sollte es für eine Kindertagesstätte oder eine Schule schwierig werden, diese vielfältige Blütenfülle durch die Jahreszeiten hindurch anzusiedeln, so bitte man eine in der Umgebung ansässige Naturschutzorganisation, ein kommunales Umweltamt oder andere umweltbewusste Menschen um Rat.
Man könnte auch die Möglichkeit nutzen, neben einem ökologisch greifenden ein sozial tragendes Konzept zu entwickeln. Das kann konkret bedeuten, bei Menschen unterschiedlichster Alters- und Interessengruppen (z.B. Jugendlichen, Rentnern, erwerbslos Zeit- und Wohlhabenden) den Willen zu sinnvoller und freiwilliger Initiative zu wecken, um durch lebensspendendes Gemeinschaftswerk der Mitwelt zu dienen.
Zunächst einmal geht es darum, eine schmetterlings-

freundliche, artenreiche Umgebung zu gestalten. Dort, wo bunte Falter sich gerne aufhalten, werden sich noch andere Lebewesen ansiedeln und wir Menschen uns auch besonders wohlfühlen.

1: Kleiner Fuchs
2: Tagpfauenauge
3: Admiral

Vom kleinen Vielfraß zum gaukelnden Flugkünstler

Ab Mai lassen sich die ersten Schmetterlingsgelege finden. Zusammen mit Kindergarten-, Hort- und jüngeren Schulkindern ist es zweckmäßig, unkomplizierte Falterraupen zu züchten. Besonders geeignet sind Arten wie der *Kleine Fuchs* (1) und das *Tagpfauenauge* (2). Wenn zu finden, eignen sich eventuell auch der *Admiral* (3) und das *Kleine Landkärtchen* (4 und 5).

Schmetterlingsgelege entdeckt man an Brennnesseln, die den Schmetterlingen zugleich als Futterpflanzen dienen. Ein Gelege umfasst etwa 100 bis 250 Eier und wird an der Unterseite eines Blattes vom weiblichen Schmetterling angeheftet. Ein solches Blatt erkennt

4 und 5: Kleines Landkärtchen
4: Außenansicht der Flügel
5: Innenansicht der Flügel

6: Schmetterlingsgelege vom Tagpfauenauge an einer Brennnessel, stark vergrößert.
7: Dicht bei dicht sitzen die Eier an einem Blatt. Hier die bereits leeren Eihüllen an einem vertrockneten Brennnesselblatt, zehnfache Vergrößerung.

man daran, dass es inmitten unversehrter, saftig-grüner Blätter als Einziges einen kleinen Schaden in Form gelb-bräunlich umrandeter winziger Löcher hat.
Vielleicht sind die winzigen Raupen – zunächst kleiner als Stecknadelspitzen – aber auch bereits geschlüpft und haben ihre Lieblingsbeschäftigung aufgenommen: das Fressen. Dann findet man sie am Brennnesselblatt umso leichter. Auf Foto 1 und 2 haben die kleinen Vielfraße die saftigen jungen Brennnesselblättchen bis aufs Gerippe verspeist.
Wachsen die Raupen heran, so sehen wir, dass die Raupen des Kleinen Fuchses der Länge nach schwarz-gelb gestreift sind, während die des Tagpfauenauges ganz schwarz sind, gezeichnet mit winzigen silbernen Pünktchen.

Im Sommer 1997 gelang es in der Natur-Kinder-Garten-Werkstatt Reichshof, etwa 150 farbenprächtige Schmetterlinge zu züchten:
Die auf einem Spaziergang entdeckten Eier wurden samt dem Brennnesselzweig sorgsam und vorsichtig in einem Tuch in die Natur-Kinder-Garten-Werkstatt getragen, wo sie mit anderen Brennnesselstängeln in eine Vase auf die Fensterbank zwischen Sommer- und Winterfenster gestellt wurden. Diese war mit Küchenpapier ausgelegt, das täglich gewechselt wurde, um Infektionen durch Kot zu vermeiden.
Ein Fliegengitter mit max. 0,5 mm Maschenweite schützte die Brut beim Lüften.
Ein paar trockene, im Wasser stehende Brennnesselzweige genügten in den ersten Tagen. Kaum waren die Raupen ausgeschlüpft, so begannen sie zu fressen, und schnell war ein dickerer Strauß Brennnesselzweige notwendig. Sie spannen einen feinen, klebrigen Faden, der auf der Fensterscheibe eine zauberhafte «Himmelsleiter» webte, die in der Form liegender Achten unendlich viele Lemniskaten bildete. Beim Spinnen bewegten sich die

1

2

1: Raupen vom Kleinen Fuchs, schwarzgrundig mit gelben und grünen Längsstreifen.
2: Raupen vom Tagpfauenauge, schwarz mit feinen silbrigen Pünktchen.

Im Zwischenraum eines Doppelfensters (25 cm) wurde die Gaststube für das Gelege eines Tagpfauenauges eingerichtet.

Tagpfauenaugen beim Schlüpfen

Die Raupen des Tagpfauenauges sind hier in verschiedenen Phasen zu sehen: Raupen, die noch auf der Suche nach dem richtigen Platz zum Verpuppen sind, Raupen, die mit dem Kopf nach unten hängend kurz vor der Verpuppung sind und frische Puppen mit ihrer grünen Farbe. Aus den hellgrauen Puppen werden bald die Falter ausschlüpfen.

Köpfe der Raupen harmonisch-rhythmisch hin und her, um den Faden am Glas anzuheften. Bis zu 95 cm hoch reichten die Leiterchen, und auch von Blatt zu Blatt der Brennnesseln wurde der zähe Faden fleißig gesponnen. Wenn ein frischer Strauß neben den welken gestellt wurde, konnte man beobachten, wie die Raupen überwechselten. Manchmal mussten Nachzügler mit einem feinen Pinsel oder einer Feder übersiedelt werden, oder man schnitt das alte Blatt, auf dem die Raupe saß, ab und legte es auf den neuen Strauß. Jeden Tag wuchs der Futterbedarf.

Die am 21. Mai gefundenen Raupenwinzlinge häuteten sich mehrfach und verpuppten sich am 15. Juni. Zuvor suchten sie sich einen sonnengeschützten Platz, an dem sie das hintere Ende ihres Körpers mithilfe eines dichten Gespinstfadens an die Decke hefteten. Mit dem Kopf nach unten hingen sie fast reglos, nur bei Störungen wehrten sie sich. Nach ein bis zwei Tagen begann das Drama: Sie krümmten sich, bis der schwarze, stachelige Raupenpelz platzte und ein frisches, grünes Gebilde da-

Wichtig ist, dass ein Schmetterlingszuchtkäfig gut schließt und die Raupen nicht durch Ritzen entschwinden können. Die Seiten werden mit feinem Stoff von bis zu 0,5 mm Maschenweite bezogen.

runter sichtbar wurde. Durch viel Bewegung wurde die alte Haut mitsamt den Augen und den vielen Beinchen abgestreift, und die zarte Puppe war da. In der Natur findet man sie an Zweigen hängend.

Am 30. Juni geschah das Wunder des Ausschlüpfens: Die Puppen platzten auf, und ein hutzeliges, knospenähnliches, verknittertes Gebilde kam zum Vorschein, krabbelte eilig nach oben, um später mehr Wind bei ihrem ersten Start unter den Flügeln zu haben, und der Schmetterling pumpte «Puppenblut» in das feine Gefäßsystem seiner Flügel. Hatten diese ihre Festigkeit erlangt, entfalteten sie sich zu zarter Farbenpracht.

Jetzt musste das Drahtgitter entfernt werden, um den Schmetterlingen den Weg in die Freiheit zu bahnen. Nach etwa ein bis zwei Stunden – oder auch noch am nächsten Tag – war zu beobachten, wie der Falter erbebte und erzitterte, um schließlich den ersten Flug zu wagen. Manchmal war etwas Starthilfe mit einem Pinselchen nötig, damit Aufwind unter die Flügel kam.

Es ist unbeschreiblich, wie der Anblick von über 150 Tagpfauenaugen mit ihren prächtigen Farben auf kleine Kinder wirkte. Wie gebannt schauten sie das Wunder an und staunten. Auch jeder Erwachsene wird innerlich tief bewegt, wenn er diese Metamorphose mitverfolgen darf. Etwa sechs Wochen lang genießen die Falter ihr Sommerdasein bei großer Blütenvielfalt, vor allem wenn irgendwo in einer Ecke Brennnesseln zu finden sind, wo das Fortpflanzungsgeschehen seinen Lauf nehmen kann.

Schmetterlingszuchtkäfig

Nun hat natürlich nicht jeder eine «Fensterplatz-Brutstätte» zur Verfügung. Doch auch aus einer Kiste oder einem alten Nachttisch lässt sich leicht eine Schmetterlingsherberge herstellen, wie auf dem Foto oben links zu sehen ist. (Ein Aquarium ist ungeeignet, da es keine Belüftung bietet.) Die Mühe lohnt sich!

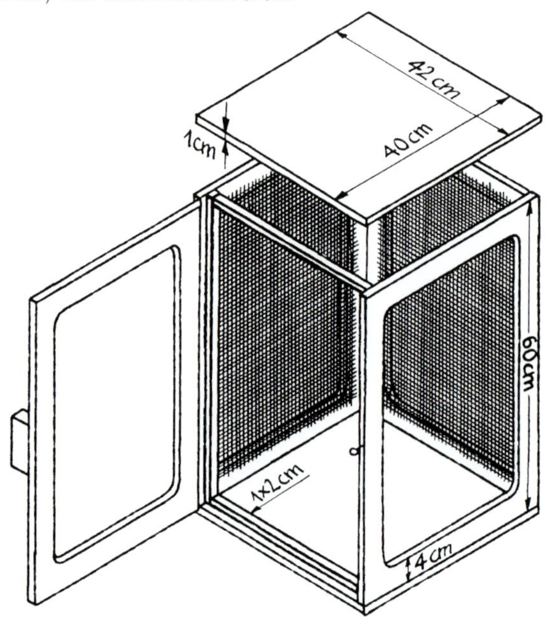

Dieser «Rauptierkäfig» wird am besten aus sehr zartem Sperrholz gebaut. Die exakte Arbeitsanleitung ist in dem Buch von Peter Lange, «Lasst Schmetterlinge fliegen!» zu finden.

Der erste Schmetterling im Frühjahr ist oft ein Zitronenfalter. Hier taucht er seinen feinen Saugrüssel in den Blütenkelch des Lungenkrauts ein.

Der Schwalbenschwanz gehört zu den sehr selten gewordenen Falterarten unserer Region. Er fällt durch seine markante Zeichnung, seine Größe und seinen majestätischen Gaukelflug auf.

Schmetterlinge

Durch den ersten Sonnenbogen
Kommt ein Schmetterling geflogen,
Durch den zweiten Sonnenbogen
Kommt sein Brüderlein geflogen.

Munter falttern sie im Garten,
Wo die Blumen sie erwarten:
Ei, willkommen, guten Morgen,
Kommt, bei uns seid ihr geborgen!

Holt euch Honig, flattert weiter,
Durch den Garten froh und heiter,
Auf der Wiese, zu den Buchen –
kommt bald wieder uns besuchen!

Hedwig Diestel

Weiterführende Literatur

Für Erwachsene

Peter Lange: *Lasst Schmetterlinge fliegen!* Verlag Freies Geistesleben, Stuttgart 1991
Ivo Novák / Frantisek Severa: *Der Kosmos-Schmetterlingsführer.* Ellermann Verlag, München 1990
Andreas Suchantke: *Metamorphosen im Insektenreich. Beitrag zu einem Kapitel der Tierwesenskunde.* Verlag Freies Geistesleben, Stuttgart 1994

Für Kinder

Una Jacobs: *Die Schmetterlings-Uhr.* Kosmosverlag, Stuttgart 1983

JULI:

WASSER, ERDE, LUFT UND FEUER

Jedem sein Element

Überall in Feld, Wald und Flur und natürlich auch im Garten lockt uns im Hochsommer die Blütenpracht mit ihren zahlreichen feinen Duftnuancen. Düfte wirken sehr direkt auf unseren Organismus, da sie über die Atemluft unmittelbar in unseren Stoffwechsel gelangen. In der Kindheit spielen Düfte der Umgebung eine prägende Rolle, und sie können bis ins Alter hinein assoziative Erinnerungen hervorrufen.
In der heutigen Zeit verkümmert der Geruchsinn, da er durch häufige Überreizung gekränkt wird. Die gute Fachverkäuferin im Parfümgeschäft rät: «Weniger kann mehr sein.» Die Entwicklung der neu auf dem Markt erschienenen Kinderparfüms betrachten wir kritisch. Wir möchten unseren eigenen Nasen wie auch denen unserer Kinder doch lieber die Wohlgerüche der Natur anbieten! Und dazu liefert uns die Sommerzeit wahrlich Möglichkeiten genug.

Die unter dem Tierkreiszeichen Zwillinge (♊) veranlagte Zweigeschlechtlichkeit der Pflanze strebt jetzt unter dem Zeichen Krebs (♋) nach Vereinigung in beginnender Frucht- und Samenbildung. Der aufmerksame Betrachter kann beobachten, wie schon jetzt die neuen Knospen für den nächsten Wachstumszyklus gebildet werden.
Die Jungvögel verlassen ihre Nester und übernehmen mehr und mehr Selbstständigkeit in ihrer Nahrungssuche. Junge Igel treffen wir bei ihren spätabendlichen Ausflügen durch unseren Garten. Die Kaulquappen im Teich haben sich in kleine Frösche verwandelt.
Mit dem Juli kommt die Zeit der Sommerferien heran. Man lebt gerne draußen, sehnt sich nach frischer Luft, Sonnenwärme, möchte am wogenden Meer oder auf luftigen Bergeshöhen sein.

Es liegt nahe, sich die Naturelemente einmal näher zu betrachten. Seit der altgriechischen Kulturepoche gelten die Elemente *Wasser, Erde, Luft und Feuer* als die vier klassischen Grundelemente der Natur. Durch ihr Zusammenspiel lassen sich viele Naturphänomene erklären. Lebensäußerungen – wie beispielsweise das Wachstum von Pflanzen – finden wir dort, wo die Elemente in unterschiedlicher Weise zusammenwirken.

Im Hochsommer kann der Mensch die Fülle und Schönheit des sommerlichen Naturdaseins mit allen Sinnen aufnehmen.

Während eines Gewitters kann man das Zusammenwirken aller Elemente beobachten: die sonnenerwärmten Wolken, die mit Wasser angefüllt sind, die unterschiedlichen Temperaturschichten, die vom Wind (Luft) zum Teil gegeneinandergetrieben werden, bis sich die Ladungsspannungen durch Blitz (Feuer) auf der Erde entladen.
Unsere Vorfahren wussten noch, dass ohne Erde, Wasser, Feuer und Luft und ihr Zusammenspiel keinerlei Leben auf unserem Erdball möglich wäre, und verehrten sie als lebenspendende Gottheiten. Heutzutage werden Naturelemente mit neuem Verantwortungsbewusstsein betrachtet, und es wird nach Wegen gesucht, sie in ihren Eigenarten zu verstehen, zu respektieren und zu erhalten.

Mit den Naturelementen liebevoll, achtsam und fantasievoll umzugehen, können die Kinder nicht früh genug lernen. Dazu müssen sie Wasser, Erde, Feuer und Luft erleben und begreifen, sich handgreiflich mit ihnen auseinandersetzen dürfen.
Das ist die beste Voraussetzung dafür, dass sie später verantwortungsvoll damit umgehen können. Wer Kinder beobachtet, der weiß, dass sie sich in großer Freude dem fantasievollen Spiel mit den Naturelementen hingeben, sobald sich ihnen eine Gelegenheit bietet.
Physikalische Grunderfahrungen können durch vielseitige Betätigung mit den Naturelementen veranlagt und verinnerlicht werden.

1: «Warum geht das Holz nicht unter?», fragten die «Flößer» aus dem Waldorfkindergarten «Zaunkönig» in Remscheid ...
2: ... und in Sahras «Matschkuhle» sammelte sich das Wasser.

Das Element Wasser

Wasser ist das kostbarste Lebensmittel. Es mag das Element sein, das den kleinen Kindern am nächsten liegt, denkt man daran, wie Kinder sich gleichsam magisch von Regenpfützen oder Rinnsalen angezogen fühlen, wie sie stundenlang mit großer Ausdauer und Fantasie an Bächen oder am seichten Meeresstrand spielen. Sie bemühen sich intensiv, das Wasser umzulenken oder zu «Seen» aufzustauen, auf denen man etwas schwimmen lassen kann.
Unbewusst empfinden kleine Kinder das, was die folgenden Gedichte aussagen:

Es plaudert der Bach
vom Felsengemach,
vom steinernen Tisch,
von Vogel und Fisch,
von Sonne und Stern,
von Blüte und Kern.
Wer still ist und lauscht,
der hört, was da rauscht.

Marianne Garff

Seht, das große weite Meer –
ach, ich liebe es so sehr.
Goldner Sand, so warm und fein,
wärmet meine Füßelein.
Schäumt das Wasser wild und laut,
spritzen Tropfen hoch hinauf,
und die Wogen gehen munter
mal hinauf und mal hinunter.
Sonne scheint so heiß und licht
unsern Kindern ins Gesicht;
sammeln Muscheln schnell noch ein,
bringen sie zum Spielen heim.

Margret Costantini

Es sprach
der Bach:
«Mein lieber Teich,
ich mach dich reich.
Ich fülle dich
vom Grund
zum Mund
mit lauter frischem Wasser an,
damit dein Fischlein leben kann.»

Der reiche Teich,
er sprach zum Bach:
«Dein Wasser frisch,
das braucht mein Fisch.
Mein Fisch und ich
bedanken sich.

Alfred Baur

Eine besondere Form der Beschäftigung mit den Naturelementen ermöglichte die Initiative «Pro Halver» der Künstlergruppe «Seltene Erden», die eine Woche lang während eines Symposions ihre künstlerischen Impulse in und mit der Natur verwirklichte.
Zu den Künstlern gehörte auch Ute Poeppel, die die nachfolgend beschriebene «Liegebrücke» baute:

Ute Poeppel auf ihrer Liegebrücke über dem plätschernden Bach.

Die Nähe zum Wasser in seinen unzähligen Variationen wird von den meisten Menschen als erholsam empfunden.

Die Liegebrücke

Die Idee einer *Liegebrücke* entstand aufgrund einer Erfahrung, die ich machte, als ich mich erschöpft nach einer langen Wanderung (durch das Elbsandsteingebirge) auf einer Brücke ausruhte. Mir wurde die enorme reinigende, kraftspendende und beruhigende Wirkung des unter mir dahinfließenden Wassers bewusst. In einer Zeit, in der es vielerorts wie auch innerlich an solchen Möglichkeiten des Rückzugs, der Versenkung, der Entspannung und der Wahrnehmung mangelt, ist es mir wichtig, solche «Kraftquellen» wieder neu entstehen zu lassen. Und so baute ich 1997 eine Brücke in Schermbeck-Vosshövel (Kreis Wesel) über den Siegelwinkelbach und 1998 in Halver über die Hasenbecke im Leyer Sonnenschein.

Viele der Menschen, die sich auf eine der beiden Brücken legten, wollten gar nicht mehr aufstehen, selbst Kinder wurden ganz ruhig und genossen die Wahrnehmung. Jede/r fühlte sich auf ganz persönliche Art angeregt, beruhigt, entspannt und bereichert.

Alle Sinne werden auf der Brücke angesprochen. Gehört wird das fließende Wasser, das Rauschen der Bäume, Knacken des Waldbodens, Vogelgezwitscher. Gefühlt wird der Luftzug, die Kühle des Wassers von unten, Feuchtigkeit, Sonnenschein auf der Haut. Gesehen wird der Himmel durch die Bäume hindurch, der Busch über der Brücke, die Insekten, das fließende Wasser oder die kleinen Tierchen darin. Gerochen wird das Holz und Gras der Brücke, die Düfte von der nahen Wiese, die Klarheit und vieles vieles mehr. Die von mir verwendeten Materialien für den Brückenbau sind Holz und Seil. Für die Liegefläche verwende ich Heu, Gräser oder Ähnliches. Es sind alles verrottbare Materialien, die in den natürlichen Kreislauf von Werden und Vergehen eingebunden sind.

Die Arbeit mit Wasser ist ein wichtiges Element meiner künstlerischen Arbeit geworden. In meinen Raum- und Außeninstallationen beschäftige ich mich mit fallenden Wassertropfen und Gefäßen, die auf diese Weise gleichzeitig Klangkörper werden können, oder aber direkt mit durch Wassertropfen zum Schwingen und Klingen gebrachten Klangkörpern (z.B. Regenmusik). Fallende Tropfen assoziieren Regen, Tränen, Rhythmus und Zeit. Wasserschalen verströmen Ruhe, Klarheit, Transzendenz.

Wasser ist eines der lebenswichtigen Elemente und wie so vieles in unserer Zeit gefährdet bzw. schon zu Schaden gekommen.

Ute Poeppel, Künstlerin aus Köln

Spielteiche und Wasserläufe

Für viele Kinder ist die alltägliche Begegnung mit einem plätschernden Bach, das Spiel am seichten Seeufer oder am Dorfteich heute keine Selbstverständlichkeit mehr. Daher wäre es wünschenswert, in jedem Kindergarten neben einem kleinen Feuchtbiotop als Lebensraum für Pflanzen und Tiere auch ein kleines «Spielwasser» als Lebens- und Erfahrungsraum zur Sinnesentfaltung für Kinder einzurichten. Er unterscheidet sich deutlich vom Lebensraum für Wassertiere und Wasserpflanzen.

Unser Spielteich muss mit einem ganz sanften, stufenlosen Uferbereich angelegt werden. Der Untergrund sollte so beschaffen sein, dass die Kleinen nicht versehentlich über Steinkanten und Ähnliches stolpern. Man hebt eine seichte Mulde aus, die im tiefsten Bereich maximal 30 cm tief sein darf. Es wird nun eine 10 cm dicke Sandschicht eingefüllt, auf welche die stärkste Gartenteichfolie, die erhältlich ist, aufgelegt wird.
Jetzt wird die Teichfolie mit kleinen und mittelgroßen Kieselsteinen ausgelegt, sodass ca. 10 bis 15 cm Wasserstandshöhe übrig bleiben. Auf diese Weise ist gewährleistet, dass der «Pegelstand» unter Oberkante Gummistiefelchen bleibt.
Behördlich erlaubt wäre eine Wassertiefe von 30 cm. Dazu wollen wir aber nicht raten, da uns die Gefahren für die jüngsten Kinder als zu groß erscheinen. Die Erfahrungsberichte der Rettungsdienste sagen uns, dass die gefährdetste Altersgruppe bei Gartenteichunfällen die Ein- und Zweijährigen sind. Aus diesem Grund empfehlen wir Institutionen, in denen auch Kinder unter drei Jahren betreut werden, sowohl Biotope als auch Spielteiche durch kleine, stabile Zäune einzufrieden. Die Aufsichtspflicht muss an Wasser-Spielplätzen selbstverständlich besonders aufmerksam wahrgenommen werden.
Trotz aller Gefahrenmomente überwiegt bei Weitem die vielfältige Lebensfreude der Kinder, wenn sie sich mit dem Element Wasser beschäftigen dürfen.

1

2

3

4

5

1: Mit Schwung am langen Seil über den Bach, wie hier auf dem «Schulhof» der Waldorfschule Kierspe.
2: Eine Szene aus dem Waldkindergarten Pansdorf bei Lübeck.
3: Feuchtbiotop; das Ufer wäre hier für einen Spielteich viel zu steil.
4: Ein Reststück Teichfolie fordert immer zum fantasievollen Spiel heraus. Wir haben oft beobachtet, dass sich die Vögel dort zu einem kühlen Bad eingeladen fühlen, wenn Ruhe im Gelände eingekehrt ist.
5 – 6: Hier wird ein Wasserlauf ohne Teichfolie und ohne Betonbett im Waldorfkindergarten Rosenheim gebaut. Für die Gestaltung des Wasser-Spielbereichs empfiehlt es sich, eine Handschwengelpumpe, die möglichst Grund- bzw. Brunnenwasserverbindung hat, durch eine Mäanderrinne mit dem Teich zu verbinden.
Der Wasserlauf wird sich im Lauf der Zeit verändern. Die Kinder können auf diese Veränderung reagieren. Darin liegt der besondere Reiz.

6

1 und 2: Diese Spielkaskade, die durchaus auch für den Kindergartenbereich geeignet ist, befindet sich auf dem naturnah gestalteten Schulgelände der Waldorfschule Überlingen am Bodensee und wurde vom Atelier Herbert Dreiseitl gebaut.
Der Wasserfall wird an heißen Tagen in den Pausen von den jüngeren Schülern sehr intensiv bespielt. Die Lehrer berichten, dass die Kinder nach einer solchen Wasserspielpause am «sprudelnden Bach» völlig regeneriert und erfrischt weiter dem Unterrichtsgeschehen folgen können.

Nachmittags und abends halten sich die Oberstufenschüler dort auf, sitzen oft in kleinen Gruppen zusammen und erfreuen sich an der Erfrischung. Das angenehme Klima mit Temperaturausgleich, die wohltuende Luftfeuchtigkeit und die Staubbindung am plätschernden Wasserfall tragen auf vielfältige Weise zum Wohlbefinden bei. Der Wasserverbrauch ist relativ sparsam, da es sich um ein geschlossenes System mit Pumpe und zwei kleinen Teichen handelt. Durch die ständige Durchmischung mit Sauerstoff bleibt das Wasser sehr sauber.

Hier eine sehr praktikable Lösung für eine Fließwasserableitung. Sie verläuft unter einem Weg, trotzdem ist das Wasser sichtbar und kann sowohl von Spiel- und Gartenfahrzeugen als auch von Rollstühlen überquert werden.

Für Menschen, die im Rollstuhl sitzen, hat die Natur-Kinder-Garten-Werkstatt diesen Tischwasserlauf gebaut. Er ist auf drei Festzelttischen, die mit Kunststoffplane bedeckt sind, aufgebaut. Der «Uferbereich» wird aus Lehm, Erde, Steinen und Rundhölzern so gestaltet, dass das Wasser nicht «über die Ufer treten» kann. Dabei werden die Gegenstände unter die Plane gelegt. Am oberen Ende wird eine kleine Handpumpe installiert, wie man sie für Heizöl braucht. Am unteren Ende steht eine Wasserwanne, die über einen Schlauch mit der Pumpe verbunden ist. Dieses geschlossene System ist mobil, weil es unabhängig vom Strom ist. Durch Unterlegen der Tische erreicht man wenige Zentimeter Höhenunterschied.

1: Dieser Tischwasserlauf aus Ton wurde in der Waldorfschule Gummersbach unter der Anleitung von Herbert Dreiseitl von ungefähr dreißig Teilnehmern innerhalb von zwanzig Minuten gebaut. Ein umfassender sozialer Prozess spielte sich dabei ab – und tatsächlich trat nirgendwo das Wasser über die Ufer.

2: Sinneserfahrungen lassen sich aber auch an wesentlich schlichteren Wasserbehältnissen sammeln: Eine Zinkwanne tut es auch!

3: Erst dient das saubere Wasser zum Spielen, dann wird die Schafwolle darin gewaschen (siehe Januar-Kapitel in Band 4), und anschließend gießt man es als «Düngerlösung» in die Blumenbeete.

Wasser – Lebensmittel und Lebensvermittler

Selbstverständlich kann es zu einer reizvollen pädagogischen Aufgabe werden, den Jüngsten den Wert des Wassers als «Lebens-Mittel» zu vermitteln. Eine dem Kleinkind angemessene Bildung des Natur- und Umweltbewusstseins beginnt jedoch nicht mit der naturwissenschaftlichen Analyse chemischer Zusammensetzungen, mit Auflistungen von Schadstoffen oder ökologischen Zusammenhängen, sondern mit *allsinnlicher lebensfreudiger Wahrnehmung* und damit verbundener begrifflicher Klärung, durch Erfahrung, also mit dem Wissenserwerb durch *praktisches Tun*.
Trägt ein Erwachsener, der dem Kind Vorbild ist, ein umfassendes Bewusstsein vom Wasser in sich, so überträgt sich dieses Bewusstsein beim gemeinsamen Umgang mit dem Element auf das nachahmende Kind. Man braucht nicht viele Worte darüber zu verlieren.
Viele Erwachsene bemühen sich, das strömende, lebenspendende und formenschaffende Eigenwesen des Wassers mit all seiner Sensibilität und Ästhetik wieder verstehen zu lernen. Die Kinder können wahrhaftig zu «Strömungsforschern» oder zu «Lebens-Künstlern» werden, die den natürlichen Wasserhaushalt im späteren Leben kreativ, respekt- und würdevoll mitgestalten helfen.
Jeder Kindergarten braucht deshalb Regenrückhaltemöglichkeiten, an denen ein Biotop oder die Haus- und Gartenwasserversorgung angeschlossen werden kann, eine Pflanzenkläranlage für die Aufbereitung des Brauchwassers und eine Komposttoilette, in der die Fäkalien geruchlos, schnell und ohne Wasserverbrauch durch den Einsatz von Mikroorganismen in fruchtbaren Humus für den Garten verwandelt werden können – anstatt sie mit kostspieligem und kostbarem Trinkwasser in dunkle Kanäle fortzuspülen.

Miniaturlebensraum für Wasserpflanzen

Eine Zukunftsvision

Durchsichtige Wasserinstallationselemente wie Toilettenspülkästen, Wasserleitungen, Regenablaufrinnen bis zu einer Zisterne und Ähnliches machen den Kindern die Menge und den Zulaufweg des Brauchwassers transparent. Auch die Funktionsweise der Installationselemente würde im wahrsten Sinne des Wortes in einen durchschaubaren Zusammenhang gebracht werden.
Von Kindergärten gehen zahlreiche gesellschaftliche und ökologische Impulse für die Gegenwart und die nähere und weitere Zukunft aus, da die gute pädagogische Grundkonzeption eines Kindergartens auch auf die Elternhäuser ausstrahlt. Legt man im Kindergarten beispielsweise einen Gartenteich an, so kann man sicher sein, dass die Kinder erst locker lassen, wenn irgendwo zu Hause wenigstens ein kleiner Wasserkübel aufgestellt ist (siehe Foto oben).
In einem naturbewussten Kindergartenkollegium sollte ein Mitglied die Aufgabe des Elternberaters für naturpädagogische Fragen übernehmen.

Viele Lehm- oder Tonkugeln werden vorgeformt und anschließend verbaut.

Sie wissen, wie's läuft: Wasser marsch!

Wolle waschen mit Regenwasser – eine Wohltat für Kopf, Herz, Hand, Fuß...

... und besonders für die Lebensfreude.

Schwimmspielzeuge: lauter Unikate aus Holz, Korken ...

... Wachs und mehr.

Das Element Erde

Auch dem Element Erde wollen wir uns in besonderer Weise zuwenden. Mit «Erde» ist hier umfassend das Mineralische gemeint. Kleine Kinder können sich mit dem Bild der «Mutter Erde», die alles lebendige Wachstum hervorbringt und uns trägt, am besten verbinden. Das Arbeiten in der Gartenerde zusammen mit der Pflanzenpflege im Beisein der Kinder hat daher große Bedeutung.
Die Erde braucht unseren liebevollen Umgang mit ihr, da sie heute oft mit Schadstoffen überfrachtet, versauert,

1: Ton ist besonders kostbar, wenn seine Herkunft für die Kinder gut nachvollziehbar ist.
2: Gerne beteiligen sich Kinder bei «richtigen» Arbeiten mit Erde, Sand und Steinen.
3 und 4: Künstlerisches Gestalten mit Ton und Steinen als besonderen Varianten des Erdelementes in einer Projektwoche der Waldorfschule Gummersbach.

ausgebeutet, verdichtet, versiegelt, verschüttet und erschüttert wird.

In der Erde findet man auch den Ton, der z.B. an einem Bachufer – vom strömenden Wasser freigelegt – ausgegraben, durchgesiebt, mit Sand angereichert (gemagert), geknetet und geschlagen werden kann. Ohne Weiteres ist er für gröbere Gefäße oder vielerlei Nisthilfen, für Volgeltränken und Blumentöpfe tauglich, weniger aber für feine Keramikarbeiten (Tonwerkstatt s. Februar-Kapitel).

Vielseitige, fantasievolle Spielanlässe ergeben sich in einer *Materialecke*, in der wir alle möglichen mineralischen Naturbaustoffe sammeln. Da kann von gebrannten und ungebrannten Tonklinkern über Lochziegelsteine bis zu Natursteinplatten, Kiesel-, Pflaster- und Bruchsteinen alles vertreten sein. Auch schöne Steine, welche die Kinder von Ausflügen oder Ferienreisen mitbringen, können dort einen würdigen Platz finden und in manches Spiel mit eingebaut werden.

1: «Was soll ich machen – weinen oder lachen?» Erste Erfahrungen mit Lehm.

2 – 3: Bei einer Ferienaktion im Bürgerpark von Kreuztal:

2: In einer Anhängerpritsche wird Lehm mit den Füßen gestampft.

3: Mit selbst gebauten «Urviechern» aus Lehm-Stroh-Gemisch werden besondere Spiele erfunden.

1 und 2: *Auch ein Steinlabyrinth kann exemplarisch dazu dienen, Orientierungsfähigkeit zu entwickeln, und eine erstrebenswerte Polarität zum kindlich-spontanen Bewegungsdrang bieten.*

Zum Element Erde gehört natürlich auch die *Erdanziehungskraft*. Bereits das einjährige Kind versucht sie in gewisser Weise zu überwinden und übt so lange, bis es endlich den aufrechten Gang beherrscht und sich dadurch ein ganzes Stück menschlicher Freiheit erwirbt. Es macht sich sozusagen «die Erde untertan» und wird quasi zum «Herrn über die Erde», bzw. es lernt, mit der Erdanziehungskraft umzugehen.

Spiele wie das Stehaufmännchen, verschiedenste Kreiselspiele, diverse Ballspiele, Sackhüpfen, Seilspringen, Hüpfekästchen, Trampolinspringen und viele andere beinhalten das Motiv des Sich-Emanzipierens von der Erde, des kurzfristigen Sich-Befreiens aus der Schwere. Beim Stelzenlaufen wird dies auf die Spitze getrieben.

Unser Erdenplanet besitzt bekanntlich eine Kugelform, und der Ball, mit dem die Kinder so gerne spielen, ist hiervon ein Abbild. Alle Ballspiele haben daher einen hohen Symbolwert, wirken wie Wahrbilder, geben den Kindern Orientierungshilfe, wenn sie Menschen dieser Erde werden wollen, und sind deshalb gerade im Medienzeitalter unverzichtbarer denn je.

Das Element Luft

Das nächste Element, mit dem wir uns befassen wollen, ist das Luftelement.
Es gibt eine Menge bekannter Spiele, um das Naturelement Luft in besonderer Weise zu erleben: z.B. Segelschiffchen, die über das Wasser treiben, Drachen, die in luftige Höhen aufsteigen, Fallschirmchen, die man herabschweben lassen kann, sich drehende Windräder, flatternde Fahnen, Wurfringe, die durch die Luft schnellen, und unendlich vieles mehr. Natürlich kann man auch das Ballfangen hinzunehmen.

Zarte, schillernde *Seifenblasen* lassen uns das Luftelement auf überraschende Weise erleben.

Die Ältesten im Kindergarten lernen gerne mit Pfeil und Bogen umzugehen (wobei natürlich größte Vorsicht geboten ist!).
Auch beim Rennen, Rollern, Radeln, Springen, Balancieren und insbesondere beim Schaukeln erleben die Kinder deutlich spürbar das Luftelement über viele verschiedene Sinneswahrnehmungen.

Riesenseifenblasen

1 l Wasser, 50 g Zucker, 80 g Neutralseife aufkochen und anschließend über Nacht stehen lassen; 1 Teelöffel Tapetenkleister in Wasser auflösen und unterrühren.
Man formt einen 15 – 20 cm weiten Drahtring, der mit einem Haltegriff versehen und mit Wolle umwickelt wird. Mit Behutsamkeit und ein wenig Feingefühl lassen sich riesige bunte Blasen aus der Seifenlauge hervorzaubern.

Text: Heinz Ritter / Melodie: Alois Künstler

Sommerfestkarussell im Hofgut Friedelhausen: Auf die Plätze, fertig – und guuuut festhalten!
Ein senkrechter Mast ist fest im Boden verankert. In Sitzhöhe befindet sich ein drehbares Balkenkreuz aus je zwei parallelen Holzbalken. An den Enden sind aus Seilen geflochtene Sitzmöglichkeiten eingerichtet. Von der Mastspitze aus sind Halteseile bis vor die Sitze am Balkenkreuz angebracht. Diese Halteseile winden sich spiralförmig um den Mast, wenn das Balkenkreuz von einem starken Helfer gedreht wird. Nach Loslassen schwingt das Balkenkreuz ab und auf, hin und her in beiden Richtungen.
Eine Sicherheitsabsperrung um das Karussell herum ist erforderlich.

Schon Fünfjährige (aber auch Fünfzehn- oder Fünfzigjährige) verspüren den «Drang nach oben», und es ist im wahrsten Sinne des Wortes «das Höchste» für sie, wenn sie sich so weit der Erdanziehungskraft entziehen können, dass sie das erste gerade Stück Stamm zu überwinden und dann aufwärts und immer höher hinauf in die luftigen Höhen zu streben vermögen. Dort oben ist man meist für sich allein, kann aus der Perspektive, die sonst nur den gefiederten Luftbewohnern eigen ist, die Welt betrachten. Aus der Distanz zu dem Alltäglichen da unten kann man einen Überblick gewinnen, Abstand nehmen, Ruhe haben, um sich selbst zu finden, ganz bei sich zu sein.
Ermöglichen wir den Kindern diese Erlebnisse!

Kinder lieben es, in der Polarität zwischen Erdenschwere und luftiger Leichte zu leben, entfalten ja auch eine ungeheure kindliche Bewegungs- und Lebensfreude, von der wir Erwachsenen uns gelegentlich etwas abschauen und zueignen sollten.
Möge es uns gelingen, die Gesundheit bzw. die Reinhaltung des Wassers, der Erde und der Luft in unserer und den nachfolgenden Generationen zu einem solchen Herzensanliegen zu machen, dass auch die Kinder unserer Nachfahren noch auf gesunde Bäume mit stabilem Astwerk und lebenspendendem Blatt- oder Nadelwerk klettern können, um das Luftelement hoch oben in ganz besonderer Weise zu erleben.

Über bewusstes Hören

In der Natur gibt es eine unendliche Vielfalt von Tönen, Geräuschen und Klängen. Wenn wir genau hinhören, bemerken wir, dass wir über alles, was tönt, ganz viele Rückschlüsse ziehen können auf die inneren Wesenszüge und Charaktere der Klangerzeuger. Wenn ein Vogel zwitschert, eine Schlange zischt, ein Wasserfall rauscht, der Wind säuselt, tun sich innere Welten vor uns auf, die über Seelenzustände berichten. Welch wunderschöne Musik, in die wir da eintauchen können! Diese Musik ist für uns bestimmt. Warum sonst ist unser Ohr das sensibelste Organ des menschlichen Organismus? Die Klangwelt ist dafür da, uns seelisch und geistig zu bereichern, uns Wonne zu bereiten, aber auch, um uns Gefahren rechtzeitig erkennen zu lassen.
Doch im Zuge der rasanten Entwicklungen unserer Zeit fällt es vielen von uns nicht leicht, den Hörsinn dementsprechend einzusetzen. In der heutigen Welt ist vieles lauter und schneller geworden. Dies trifft nicht nur auf Autos zu, sondern auch auf das moderne Stadtleben oder die aktuelle Musikszene. Es herrscht ein Hang zur Superlative. Alles muss immer größer werden, immer schneller, immer lauter, höher, weiter, besser usw. Bei all dem geraten besonders junge Menschen in Gefahr, den Sinn für feinere Nuancen zu verlieren. Beim Fernsehgeflimmer, dem hektischen Bilderwechsel der Werbespots, dem Getöse in U-Bahn-Schächten, in Discos und dem Straßenverkehr ist es nur zu verständlich, dass immer mehr Menschen unter Wahrnehmungsstörungen leiden. Man kann es als einen Schutzmechanismus betrachten, wenn man sich verschließt, abstumpft oder schwerhörig wird.
Was können wir tun, um da zu helfen? Wir sollten ein kritisches Hörbewusstsein fördern. Wir müssen wieder erfahren, was Klänge ausdrücken und bewirken. Durch wiederkehrendes Üben, Lauschen, Klänge-Erforschen sollten wir bewusstes Hören schulen und gleichzeitig darauf aufmerksam machen, dass wir uns bei passivem Klangkonsum willkürlich unvorhersehbaren Einflüssen ausliefern.
Ich baue seit nunmehr über zehn Jahren selbst entwickelte Musikinstrumente, biete Musikseminare an, fahre auch immer wieder in Schulen und musiziere mit den Kindern. Meiner Erfahrung entspricht, dass es gerade lang nachschwingende Töne sind, die es uns erleichtern, mehr in den Klang hineinzugehen, Obertöne und Schwebungen herauszuhören. Auch überraschende Klänge, die die Neugierde anregen, machen hellhörig. Sehr sinnvoll und nützlich ist es, Töne nicht nur mit dem Ohr, sondern auch mit anderen Sinnesorganen zu erfassen, beispielswiese mittels chladnischer Klangscheiben, bei denen man das Schwingungsverhalten von Metallplatten mithilfe von feinem Sand sichtbar machen kann (siehe Fotos 2 und 3, nächste Seite). Je nach Ton entstehen dabei immer wieder andere, wunderschöne Formen.
Auch für unseren Tastsinn ist es möglich, Töne zu erfahren, wenn wir mitschwingende Resonatoren berühren oder uns gar auf sie drauflegen (siehe Foto S. 64, links oben).
Damit kommen wir noch zu einem ganz wichtigen Aspekt der Resonanz. Wenn ich einen Klangstab anschlage und gleichzeitig einen Hohlkörper darüberhalte, der von der Luftsäule her übereinstimmt mit der Frequenz des Klangstabes, wird der Ton viel

Der Klangkünstler Jochen Faßbender aus Waldbröl entwickelt und baut Klangspiele und neuartige Musikinstrumente, z.B. seine «Resonanzschaukel», bei der die Schwingungen der Töne mit dem ganzen Körper erfahren werden können.

kräftiger; der Hohlkörper resoniert. Das Phänomen der Resonanz zeigt sich nicht nur in der Klangwelt, sondern auch in anderen Bereichen. Wenn zwei Freunde über die Straße gehen, wenn sie – wie man sagt – auf gleicher Wellenlänge schwingen, fühlen sie sich viel stärker, als wenn sie allein unterwegs wären. Wenn wir mit Musik in Resonanz treten, beispielsweise mit einem traurigen Lied, geht die Stimmung dieser Musik auf uns über. Wenn wir seinen Rhythmus wahrnehmen, versucht sich unser Herz diesem Rhythmus anzupassen. Wenn unser Herz einem zu schnellen Rhythmus folgt, entstehen bei uns die gleichen Symptome, als hätten wir eine körperliche Anstrengung geleistet. Mit Resonanz kann man heilen wie auch zerstören.

Unsere Lernaufgabe besteht darin, wach zu werden, Töne und Geräusche zu erforschen, ihre inneren Wesenszüge und die Wirkung zu erkennen. Erst wenn unsere Urteilskraft gut geschult ist, sind wir frei, uns zu entscheiden.

Jochen Faßbender

Fotos oben: Chladnische Klangscheiben werden mit feinem Sand bestreut. Bringt man die Metallscheiben vom Rand her mit einem stark gespannten Geigenbogen in Schwingung, so ordnet sich der Sand zu feinen ornamentalen Formen. Das Schwingungsverhalten wird sichtbar.

An dieser Stelle möchten wir nur den Wunsch anschließen, dass es uns möglich wird, die «Verlärmung» der Welt zu überwinden. Indem wir unsere Kinder sensibilisieren, mit dem gesamten Organismus Lebenslaute wahrzunehmen, helfen wir ihnen, sich der Stimme der Welt, der Sprache der Musik zu öffnen.

Das Element Feuer

Schließlich sei noch das Element Feuer angeführt. Ja, auch der Umgang mit dem Feuer muss doch irgendwo geübt werden dürfen! An kleine, für Kinderhände handhabbare Feuer in gut konzipierten Feuerstellen ist dabei gedacht, an Feuerchen, die man gut unter Kontrolle halten und hüten kann, in denen sich Brennbares von Unbrennbarem unterscheidet, auf denen sich Färbelösungen kochen lassen (siehe Mai-Kapitel, Band 1), auf denen man sich etwas brutzeln kann (siehe August-Kapitel in diesem Band und September-Kapitel in Band 3), die in kühlen Zeiten wohltuende Wärme spenden.
Immer wieder einmal erleben wir Erwachsene, die noch nie in ihrem Leben ein Feuer entzündet haben. Um das Feuerelement den Kindern aber mit gebührender Achtung nahezubringen, ist es nötig, sich zuvor selbst damit vertraut zu machen.
Schon seit den frühesten Menschheitskulturen galt das Zähmen des Feuers als bedeutsamer Entwicklungsprozess bis hin zur vielseitigen Nutzung. Stets versammelten sich die Menschen um das Feuer. So wie die Flammen züngeln, scheinen sich hier «zündende Ideen» zu entwickeln. Das Feuer – Zündhölzer inbegriffen – ist das gefährlichste der Elemente und muss natürlich ganz besonders gewissenhaft beaufsichtigt werden.

Respekt einflößend: ein Baum, den der Blitz der Länge nach aufgespalten hat. Mythen vieler Völker besagen, dass das Feuer durch den Blitz zur Erde kam.

Feuer entfachen mit trockenem Laub, das auf einem Stein im Wasser liegt.

Sich im Umgang mit dem Feuer zu üben ist nicht nur für Kinder spannend.

Eine einfache Feuerstelle

Mit Natursteinen, Ziegelsteinen, Sand und einem Gitterrost kann man sich eine einfache Feuerstelle bauen (siehe unten rechts). Sie lässt sich leicht durch eine Schamottplatte und eine Tonpflanzschale als «Backhaube» zum Backofen umfunktionieren (unten links und Foto rechts). Die grundlegenden Techniken des Räucherns, Kochens und Bratens auf einer Feuerstelle sind auf Seite 67 illustriert.

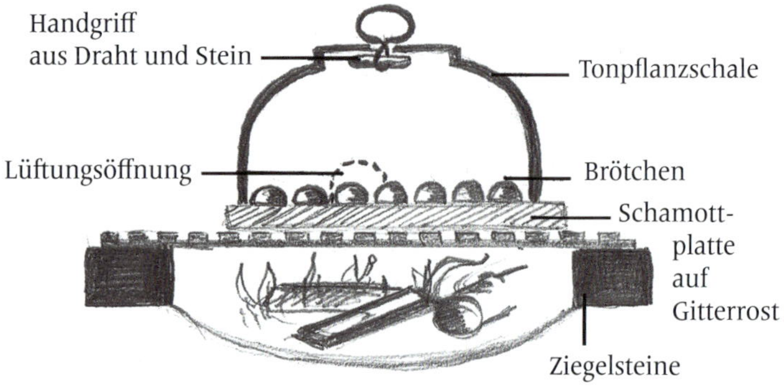

Backofen

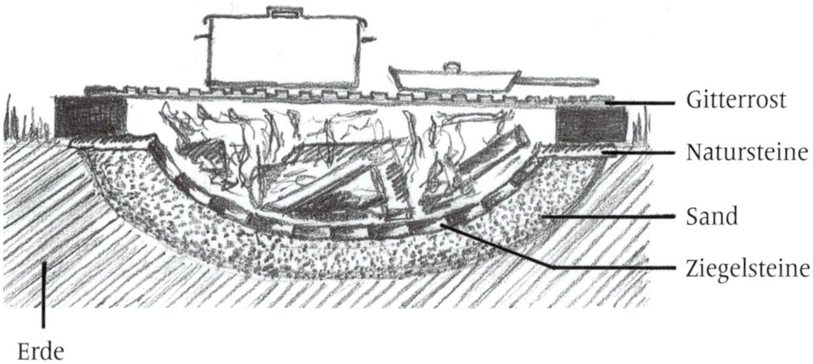

Feuerstelle

◀ Räuchern

◀ Kochen ▲

◀ Braten

Zum Feuern wird auf jeden Fall ganz trockenes, fein gehacktes Holz benötigt.

Der erzgebirgische Holzfällerofen: Wärmen und Kochen mit ganz wenig Holz.

Das Feuer wird erst dann entfacht, wenn «für den Fall des Falles» Wasser zum Löschen bereitsteht.

Bewegte Ruhe empfinden viele Menschen, die sich um ein Feuer versammeln.

Der Bau eines Erdofens

Im Folgenden wird der Bau eines Erdofens gezeigt, bei dem der Backraum aus zwei zusammengeschweißten Metalleimern besteht. An einer Seite ist der Boden als «Ofentür» herausgeschnitten.
Man hebt eine Erdgrube als Feuerstelle aus, baut aus Steinen rechts und links eine Wandung, wo die «Backröhre» über dem Feuer aufliegt. Hinter der Backröhre wird das «Ofenrohr» so installiert, dass es Verbindung zur Feuerstelle hat. Hier ist das Ofenrohr aus Konservendosen gemacht, die mit Draht verbunden wurden. Ton- oder Eisenrohre erfüllen den gleichen Zweck. Anschließend wird der Ofen mit Erde beschichtet. Um eine Auflage für das Backgut zu schaffen, biegen wir Kükendraht so, dass er gleich einem Blech in den Röhrenofen geschoben werden kann. Mit gefetteter Alufolie belegt, kann nichts anbrennen.

Dieser Ofen wurde in einen Lehmhügel gebaut und ist somit besonders gut isoliert.

Lehmofen mit Weidenflechtwerk

Aus den allereinfachsten Feuerstellen entwickelten sich allmählich archaische Lehmöfen. Hier beschreiben wir einen Lehmofen, der mit Weidenflechtwerk gebaut wird.

1. Runde Grundfläche (Ø ca. 80 – 100 cm) einen halben Spaten tief ausheben.

Aufsicht

Querschnitt

2. Waagerechten Boden mit Ziegelsteinen auslegen. Lochziegelsteine als Außenring auf Ziegelfundament aufmauern. Weidenruten senkrecht in Lochziegel stecken.

3. Weidenruten mit dünnem Draht fixieren. (Zum Ernten, Lagern und Verarbeiten der Weidenruten siehe April-Kapitel in Band 1.)

4. Feine Weidenruten zum waagerechten Verflechten der Ofenkuppel verwenden.

5. Schornstein gegenüber dem Beschickungsloch oben in der Ofenkuppel anbringen.

6. Ofenkuppel sorgfältig von innen und außen mit Lehm-Stroh-Sand-Gemisch (¼-Vol.-% kleingeschnittenes Stroh, ½-Vol.-% Lehm und ¼-Vol.-% Sand) ca. 10 – 20 cm dick bestreichen.

1

3

2

4

Nicht vergessen:
Zunächst muss der Ofeneingang so groß gebaut werden, dass man auch innen eine gleichmäßige Lehmschicht auftragen kann (1).
Später wird die Öffnung wieder verkleinert (2) und beim Backen mit einer Steinplatte oder Ähnlichem verschlossen.
Stattliche Öfen können so entstehen, wie beispielsweise in der Familienferien- und -bildungsstätte Sondern am Biggesee (1 – 3) oder auf dem Gelände der Natur-Kinder-Garten-Werkstatt in Reichshof-Hunsheim (4).

Backofen aus Lehmkugeln

Bauanleitung:

- Einen Steinsockel aus Bruchsteinen oder Ziegelsteinen, 1 m x 1 m, 75 cm hoch, auf frostsicherem Fundament errichten.
- Etwa ½ m^3 Lehm durch ein Kompostgitter sieben.
- Je 5 Eimer Lehm, 1 Eimer klein geschnittenes Stroh, 1 Eimer Sand in einem großen Gefäß gut mischen und nach und nach so viel Wasser zugeben, dass die Mischung formbar wird.
- 500 Lehmkugeln formen, die man mit beiden Händen umschließen kann.
- Auf dem Steinsockel den zukünftigen Backraum aus feuchtem Sand formen. Hinten den Hohlraum des Schornsteins aus Sand anformen, vorne die Ofentür aus Holz, Metall oder Stein anlegen.
- Schicht um Schicht die Lehmkugeln sorgfältig auf die Sandkuppel aufbringen und um die Ofentür herum formen. Die Kugeln miteinander verstreichen, bis die Ofenwand ca. 30 cm dick ist. Schornstein aus Kugeln bilden.
- Trockenzeit des Ofens: 2 – 6 Wochen, je nach Witterung. Trockenrisse müssen kontinuierlich verstrichen werden. Nach vollständigem Trocknen Sand vorsichtig herausnehmen.
- Ofen überdachen; am besten schon beim Bauen.

Ausführliche Bauanleitung: I. u. Ch. Kunow (s. Seite 75).

Tonbrennofen mit Holzbefeuerung

Ideal wäre es, in jedem Kindergarten einen solch stattlichen Ofen zu besitzen, wie er hier abgebildet ist. Unten wird gefeuert, in der Mitte Ton gebrannt, und oben wird Brot gebacken.
Dieser Ofen ist innen aus Ziegelsteinen gemauert, die äußere Schale besteht aus Hartbrandsteinen. Zwischen der inneren und der äußeren Schale bleibt ein Luftraum von 2 bis 3 cm. Gemauert wird mit Spezialmörtel vom Ofensetzer. In den Luftraum zwischen Innen- und Außenschale wird ein Röhrchen zum Druckausgleich gesetzt.
Der obere Backraum kann erst genutzt werden, wenn die Brenntemperatur von 1.050° C auf unter 250° C abgekühlt ist.

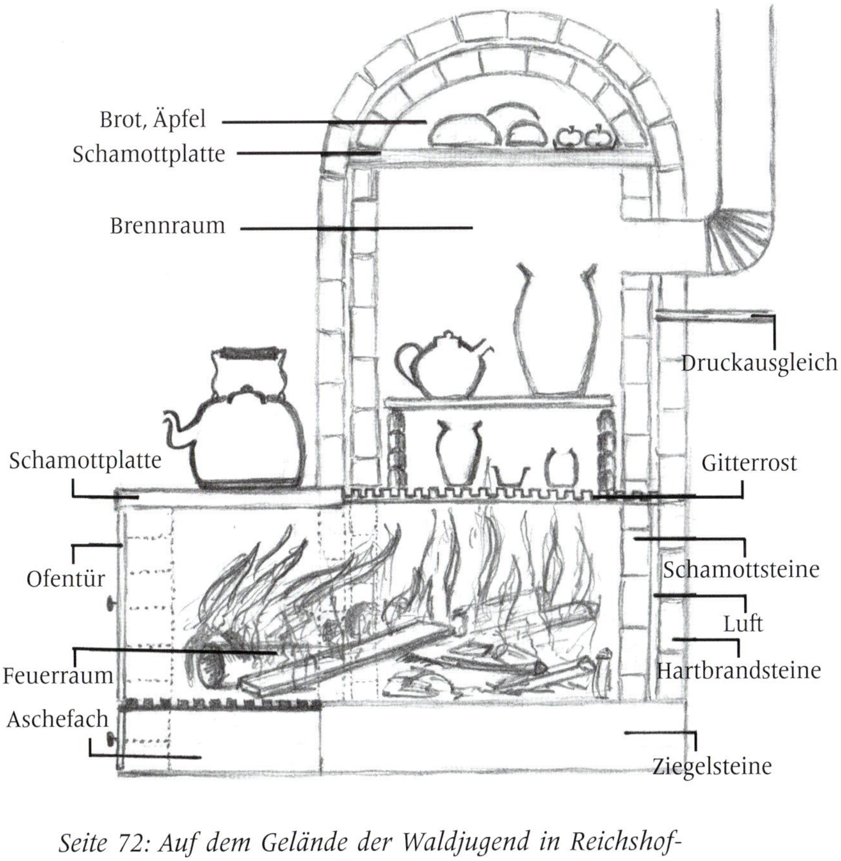

Seite 72: Auf dem Gelände der Waldjugend in Reichshof-Windfus wurde ein Backofen aus Lehmkugeln auf einem festen Bruchsteinsockel gebaut.

Anmerkungen zur allgemeinen Aufsichtspflicht und Sicherheit

Wie kann man die Vorschläge zur naturnahen Kindergartenarbeit mit der Aufsichtspflicht unter einen Hut bringen? Sind die Gefahren nicht etwa zu groß? Grobe Verstöße gegen die Aufsichtspflicht kann man sich im Naturkindergarten genausowenig wie in jedem anderen Kindergarten leisten. Für die Schule gilt das Gleiche.
Aber: Kinder dürfen – genauso wie auf ein künstliches Klettergerüst – auch auf einen Baum steigen. Aus langjähriger Erfahrung kann man sagen, dass ihre Körperbeherrschung zum *Baumklettern* dann gut genug ausgeprägt ist, wenn sie das erste glatte Stammstück ohne Hilfe überwinden können; dann reicht es auch zum Weiterklettern und Wieder-Herunterkommen.
Natürlich können Kinder auch nass werden, wenn sie am *Wasser* spielen. Darum muss im Kindergarten stets Ersatzkleidung vorhanden sein. Das macht selbstverständlich mehr Arbeit. Aber nimmt man diese nicht gern in Kauf, wenn die Kinder dafür durch ihr Spiel erquickt und ausgeglichen sein können? Es macht sie geradezu friedlich, wenn sie Lebendiges erleben dürfen. Es ist darauf zu achten, dass Wasserspielstellen sehr seichte Uferbereiche haben. Insgesamt dürfen nicht mehr als 30 cm Wassertiefe erreicht werden. Ständige Aufsicht ist am Wasser unbedingt erforderlich!
Natürlich kann man sich einmal verbrennen, wenn man mit *Feuer* umgeht. Aber das wird nur einmal passieren, denn «gebranntes Kind scheut das Feuer». Man kann dieses Sprichwort als ein wichtiges Urbild in unserer Sprache nehmen. Es ist ohnehin unmöglich – und auch gar nicht wünschenswert –, den Kindern alle Gefahren aus dem Weg zu räumen.
Anregung: Mit einem Kurs *Erste Hilfe am Kind*, der wiederholt geübt werden sollte, lässt sich zwar keine Gefahr beseitigen, aber das Wissen, im Falle eines Falles handelnd eingreifen zu können, und das Gefühl, eine eventuell gefährliche Situation im Griff haben zu können, verschafft Sicherheit.

Die Beziehung zur Natur und ihren Elementen ist für Kinder heute so existenziell wichtig, dass wir unsere pädagogischen Zielsetzungen völlig neu überdenken und ausrichten sollten. Auch die Eltern brauchen Anregungen in dieser Richtung. Kinder sind überglücklich, wenn man für sie ein Stückchen schöner Naturlandschaft findet, wo sie mit den Naturelementen leben dürfen. Am Bach spielen, ein Feuer anzünden, auf dem man ein einfaches Mahl kocht, im nassen Lehm am Bach matschen – das sind Ereignisse, die Kinder nie vergessen werden.
Wiederholt man diese Eindrücke so oft wie möglich, werden sie von den Kleinen verinnerlicht. Wie gut tut es Kindern, in einer lauen Sommernacht im Zelt unter freiem Himmel zu schlafen und am Morgen bei Sonnenaufgang von zwitschernden Vögeln und dem summenden Insektenheer geweckt zu werden, die blitzenden Tautropfen im Gras zu bestaunen, dem Murmeln des Baches und dem Zirpen der Grillen zu lauschen!
Das sind gerade heute die Höhepunkte im Kinderleben, die einen unendlich viel größeren Erlebniswert haben als die luxuriöseste Urlaubsreise in weite Fernen. In unserer Umgebung gibt es sehr viele schöne Fleckchen, die es zu entdecken gilt. Man braucht gar nicht weit zu laufen – sie sind oft näher, als man denkt!

Text: Elisabeth Baumann / Melodie: Lothar Reubke

Nach der Melodie von Strophe 1:

3. Lustig spring ich in die Luft, hätte gerne Flügel,
flöge wie ein Vöglein leicht bis zum fernsten Hügel.

4. Auf zur Sonne schau ich gern, schenkt sie lichte Strahlen,
die mit Farben duftig, hell bunte Blumen malen.

5. In mein Herzlein leg ich froh alle Gaben nieder,
Erde, Wasser, Luft und Licht, seid ja meine Brüder.

Weiterführende Literatur

Für Erwachsene

Gordon Beningfield, *Bilder einer Landschaft. Ein Lehrstück, die Natur zu lieben.* Verlag Urachhaus, Stuttgart 1981
Walter Kraul, *Spielen mit Wasser und Luft.* Verlag Freies Geistesleben, Stuttgart ^{7}2006
Walter Kraul, *Spielen mit Feuer und Erde.* Verlag Freies Geistesleben, Stuttgart ^{5}2006
Imke und Christian Kunow, *Öfen ganz aus Lehm.* «Einfälle statt Abfälle»-Verlag, Kiel 1996.
Susanne Stöcklin-Meier, *Natur-Spielzeug.* Otto Maier Verlag, Ravensburg 1979

Für Kinder

Else Beskow, *Lasse im Blaubeerland.* Verlag Urachhaus, Stuttgart ^{3}2012
Freya Jaffke, *Kleine Märchen und Geschichten,* darin: Die Böckchen Brüse. Verlag Freies Geistesleben, Stuttgart ^{13}2015
Maschenka und der Bär. Aus dem Russischen von Annemarie Birke. Troubadour-Verlag, Vlotho o. J.
Sybille Alexander, Das Brunnenmädchen, aus: *Der Mönch aus Iona.* Mellinger Verlag, Stuttgart 1997
Brüder Grimm, *Die Nixe am Teich.*

AUGUST: VOM KORN ZUM BROT

Von der Kunst, ein Eigenbrö(d)tler zu sein

In der Jahreszeit der zunehmenden Fruchtbildung behaupten sich unter dem Tierkreiszeichen Löwe (♌) die Lebenskräfte. So wie der königliche Löwe majestätisch in seinem Lebensraum erscheint, erleuchtet die Sonne die Welt mit ihrer strahlenden Lichtkraft. Im Löwezeichen ist das Sich-Runden des Lebenskeimes angedeutet. Die zu dieser Jahreszeit in der Natur wirkende Lebenskraft fassten die Menschen früherer Zeiten in diesem einleuchtenden Symbol ♌ zusammen.
Die ernteschweren Getreideähren auf den Feldern nehmen eine sich neigende, schenkende Gebärde ein, weil sie die weiterentwickelten reifenden Lebenskeime für das nächste Wachstumsjahr bergen, das Korn. Am Höhepunkt der Erntezeit kann dankbar erlebt werden, wie die Natur den Frühling und den Sommer über für den Fortbestand von Pflanze, Tier und Mensch gesorgt hat. Die Arbeit des Menschen wird wiederum durch die Gaben der Natur belohnt.
Auch das Getreide, das im Frühjahr (siehe März-Kapitel in Band 1) in das Gartenbeet der Kinder gepflanzt wurde, ist jetzt erntereif. Zum großen Erstaunen aller wächst es viel höher als auf den konventionellen landwirtschaftlichen Nutzflächen. Es wird bis zu 2 m hoch. Auch das Getreide auf den Feldern würde so hoch wachsen, wenn man es nicht mit Wachstumshemmern beeinträchtigte. Staunend stehen die Kinder nach den Sommerferien vor den riesigen Halmen und bewundern das, was einst ihr Ostergras war. Behutsam schneiden wir es kurz über dem Boden ab und binden Garben, die zunächst in den Kindergarten zum Bestaunen gestellt werden. An den darauffolgenden Tagen schneiden wir die Ähren vom Halm ab, legen sie einzeln auf eine Holzscheibe und mit einem handlichen Rundholzklotz dreschen wir sie aus, sodass sich die Körner herauslösen (siehe Foto 1).
Zuweilen bietet sich bei Erntefesten auf Bio-Höfen und in Freilichtmuseen die Gelegenheit – wie hier auf dem Birkenhof im Siegerland (Foto 2) –, Getreide «richtig» mit Dreschflegeln auszudreschen.
Die Körner werden in einem Gefäß gesammelt, wobei keines vergessen werden sollte. Jedes ist kostbar. Anschließend wird die bescheidene kleine Ernte geteilt und ein Drittel der Körnchen als Saatgut für das nächste Frühjahr verwahrt (siehe Dezember-Kapitel in Band 4,

1

2

1: Mit einem Rundholzklotz werden die Körner aus der Ähre gelöst.
2: Gelegentlich haben Kinder die Möglichkeit, das Dreschen mit Dreschflegeln kennenzulernen.

Nikolausnüsse). Ein Drittel wird mit der Handgetreidemühle oder der Kaffeemühle zu Mehl gemahlen, das später dem Erntefestbrot zugegeben wird, und ein Drittel mit Holzscheibe und Rundholz von sehr kräftigen und geschickten Kindern zu Getreideflocken gequetscht. Immer dann, wenn Kinder sichtbar einen großen Bewegungsdrang äußern, ist das Körner-zu-Mehl-Mahlen eine Arbeit, der sich die Kleinen mit viel Freude und Ausdauer widmen. Für Kindergärten mit wenig Spielplatzangebot ist dies eine Möglichkeit, auch in Raumnot kraftvoll rhythmische Tätigkeiten zu planen. Selbst der hyperaktive «Zappelphilipp» kann dann endlich einmal ganz gezielt all seinen Bewegungsdrang einsetzen.
Darüber hinaus geschieht für die Kinder etwas sehr Wichtiges: Sie bekommen die Möglichkeit, sich einen Überblick über verschiedene, mit der Ernährung zusammenhängende Lebensbezüge und Handlungsabläufe zu verschaffen. Nun wissen sie, woher das Mehl im täglichen Brot und die Haferflocken im Müsli kommen; sie erleben, dass nur ernten kann, wer vorher sät. Auch bekommen sie eine Vorstellung davon, was sich in einem Mähdrescher vollzieht, der als Riesenungetüm über das erntereife Feld rollt. Und das Wichtigste: Sie haben die einzelnen Tätigkeiten selbst getan. Maria Montessori formulierte für die Kinder die so wichtige pädagogische Forderung: «Hilf mir, es selbst zu tun!»

3–5: Beim Mahlen mit Handmühlen wird «der ganze Mann» im Kind gefordert.

Roggen, Weizen, Gerste, Hafer, Dinkel: Getreide, frisch geschnitten vom Demeterfeld für das Erntedankfest …

GETREIDEARTEN.

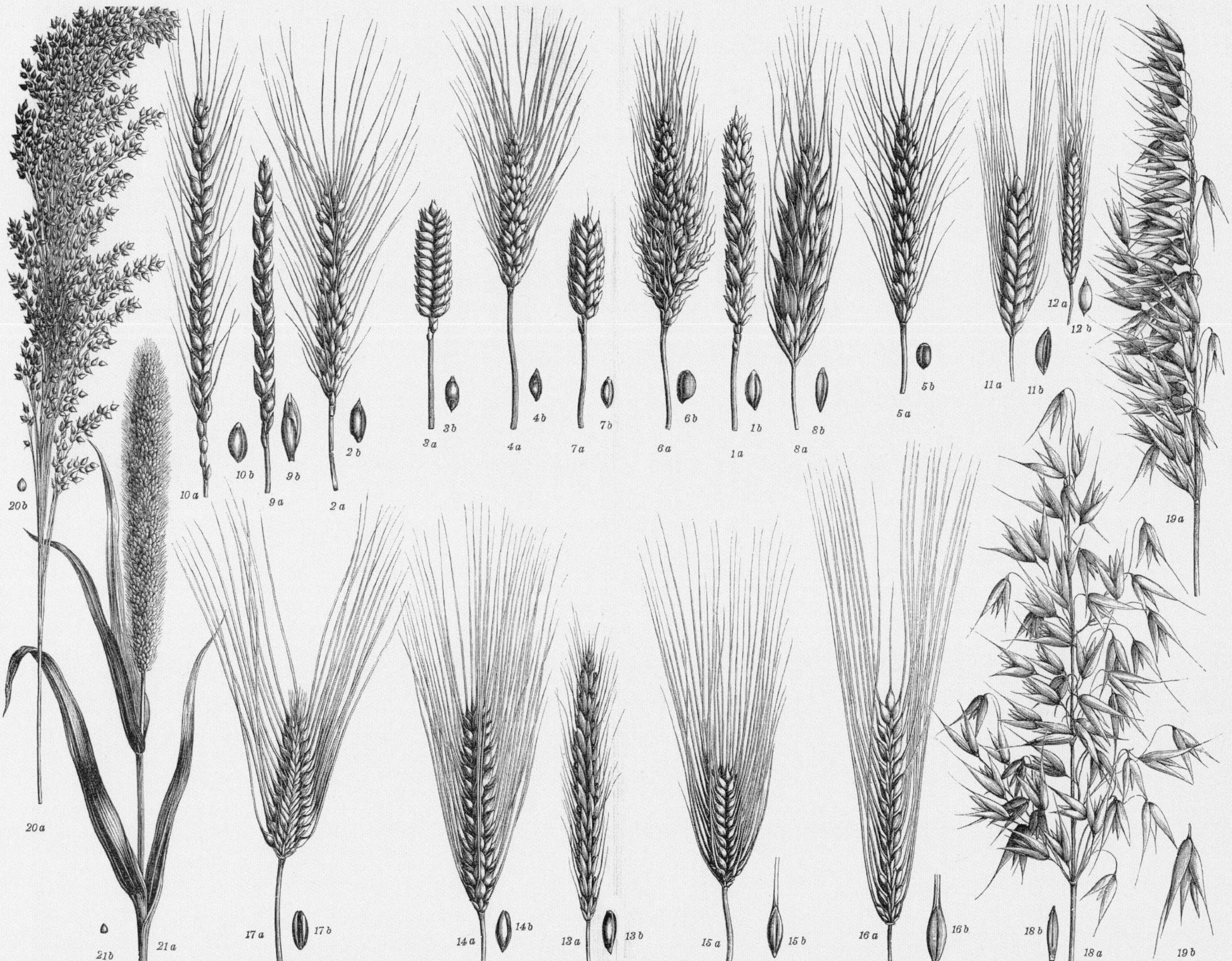

1 *a b*. Ungegrannter Kolbenweizen mit lockerer Ähre (Triticum vulgare muticum). 2 *a b*. Gegrannter Kolbenweizen mit lockerer Ähre (Triticum vulgare aristatum). 3 *a b*. Ungegrannter Igelweizen (Triticum vulgare compactum). 4 *a b*. Gegrannter Igelweizen (Triticum vulgare compactum aristatum). 5 *a b*. Englischer Weizen (Triticum turgidum). 6 *a b*. Wunderweizen (Triticum turgidum compositum). 7 *a b*. Harter oder Glasweizen (Triticum durum). 8 *a b*. Polnischer Weizen (Triticum polonicum). 9 *a b*. Ungegrannter gewöhnlicher Spelz (Triticum spelta muticum). 10 *a b*. Gegrannter Spelz (Triticum spelta aristatum). 11 *a b*. Emmer (Triticum amyleum). 12 *a b*. Einkorn (Triticum monococcum). 13 *a b*. Roggen (Secale cereale). 14 *a b*. Vierzeilige Gerste (Hordeum vulgare). 15 *a b*. Sechszeilige Gerste (Hordeum hexastichum). 16 *a b*. Zweizeilige Gerste (Hordeum distichum). 17 *a b*. Pfauengerste (Hordeum zeocriton). 18 *a b*. Rispenhafer (Avena sativa). 19 *a b*. Fahnenhafer (Avena orientalis). 20 *a b*. Hirse mit ausgebreiteter Rispe (Panicum miliaceum). 21 *a b*. Kolbenhirse mit zusammengezogener Rispe, Mohar (Setaria germanica).

(Ähren [*a*] in halber natürlicher Gröfse.)

Brockhaus' Konversations-Lexikon. 14. Aufl.

Getreidemühlen, Flockenpressen, Schnitzelwerke usw. sollten von Kindern möglichst von Hand betrieben werden.

Auf diesem Foto werden die Körner mit Steinen zu Mehl gemahlen.

Vollwerternährung – zum Wohl von Mensch und Natur

In unserer hoch zivilisierten Wohlstandsgesellschaft wird der Wert der Nahrung oft geringschätzig betrachtet. Essen und Trinken dienen in vielen Fällen nur zur Erhöhung des Lebensgenusses. Aber die Speise, mit der man sich dieses Wohlgefühl verschafft, taugt oftmals nur wenig zur Gesunderhaltung des Körpers.
Unserem Speisegetreide wird meist das Kostbarste – nämlich sein Keim – aus Haltbarkeitsgründen entzogen. Dieser Keim würde bei längerer Lagerung durch seinen hohen Fettgehalt ranzig. Es ist Auszugsmehl daraus geworden. Nicht nur der Vitalkeim fehlt, auch die vitaminhaltigen, stoffwechselaktivierenden sieben Hüllenschichten werden noch entfernt. In der Folge nehmen fehlernährungsbedingte Zivilisationskrankheiten explosionsartig zu.

Dagegen wird in den Ländern der sogenannten Dritten Welt noch in großem Ausmaß gehungert. Die Überernährung in den Industrieländern – besonders der enorme Fleischkonsum – ist eine der Ursachen für den Hunger in den Entwicklungsländern. Von der gesamten Getreideernte der Welt wird ein großer Teil – vor allem in den Industrieländern – an das Vieh verfüttert. Dabei wird aber nur der siebte Teil an Nährkraft in tierische Lebensmittel (besonders Fleisch) verwandelt. Die Nahrungsmittel der Armen dienen als Futter für das Vieh der Reichen. Würde das Getreide ausschließlich für den menschlichen Verzehr genutzt, brauchte kein Mensch auf der Erde zu verhungern. So aber sind es täglich Hunderttausende, die an den Folgen der Unterernährung sterben.

Zudem bringt die industrialisierte Landwirtschaft schwere Umweltbelastungen mit sich. Große Flächen von Monokulturen mit hochgezüchteten, zwar ertragreichen, aber qualitativ fragwürdigen Feldfrüchten bedürfen eines großen Einsatzes von Kunstdünger und Schädlingsbekämpfungsmitteln. Die Dosierung muss laufend erhöht werden, Schädlinge werden resistent, Bodenerosionen treten auf, der gesamte Trinkwasserhaushalt wird durch eingewaschene Dünger- und Giftstoffe wie Herbizide und Insektizide gefährdet. Dieser Kreislauf muss durchbrochen werden!

Glücklicherweise nimmt in den letzten Jahren die Zahl der biologisch-organisch und biologisch-dynamisch geführten landwirtschaftlichen Betriebe kontinuierlich zu, und man macht sich mehr und mehr Gedanken um artgerechte Tierhaltung. Ein nächster Schritt wird sein, nach und nach auch den Pflanzen ein artgemäßes Dasein zu ermöglichen.

Zwar erscheinen diese Zusammenhänge zum Teil bedrohlich und unbequem, trotzdem haben wir sie an dieser Stelle ganz bewusst aufgezeigt, damit Erwachsene, die mit Kindern arbeiten, ihren Blickwinkel erweitern können, um Hilfe für ihre konzeptionellen Entscheidungen hinsichtlich dieses Themenbereichs zu bekommen. Es ist keineswegs so gedacht, dass diese Informationen an Kinder weitergegeben werden. Bedrohliches und Unverdauliches erleben sie mehr als genug. Besser, man kann ihnen Lerninhalte über Lebenslust und Sinnenfreude anbieten, indem man mit ihnen gemeinsam Vollwertnahrung sät, pflegt, bestaunt, erntet, verarbeitet und genießt.

Stefan Roth, Demeterbauer vom Birkenhof im Siegerland, weist mit seinem folgenden Themenbeitrag auf eine kulturstiftende, landwirtschaftliche Initiative hin:

Unser täglich Brot gib uns heute

Als die Menschen anfingen, die Erde «in Kultur» zu nehmen, wurden sie sesshaft. Sie betrieben Ackerbau, begannen Tiere zu domestizieren und züchteten Nutzpflanzen aus Wildpflanzen.

Sie ergriffen also Naturgegebenes und gestalteten und formten es: Sie kultivierten es. Bis zur beginnenden Industrialisierung und teilweise bis in die Mitte des 20. Jahrhunderts prägte diese «Land(bau)kultur» das menschliche Zusammenleben. Sie war geprägt vom Geben und Nehmen zwischen Mensch und Natur.

Die Eingriffe des Menschen wurden durch fürsorgliche Pflege wettgemacht und haben einzigartige Kulturlandschaften mit genauso einzigartigen Pflanzen- und Tiergesellschaften hervorgebracht.

Heutzutage wird mehr und mehr versucht, die Landwirtschaft (und ebenso die Landkultur) in wirtschaftliche, das heißt berechenbare Normen zu pressen. Dabei bleibt das Lebendige (was ja das Natürliche ist) auf der Strecke. Wir sprechen von Tierproduktion und Pflanzenproduktion. Aber wer produziert denn die Pflanzen?

Die biologisch-dynamische Landwirtschaft sieht ihre Aufgabe darin, Landbaukultur wieder zu «be-leben», überhaupt wieder eine Kultur zu schaffen. Sie sieht ihre Aufgabe darin, die Pflege der Erde wieder zu ergreifen, die fürsorgliche Pflege der Grundlagen, die uns unsere «Lebensmittel» spenden. So ist die Pflege aufs engste mit der Kultur verknüpft, und nur aus diesem Impuls entsteht wirklich neue Kultur – eine Kultur, die wahrhaft gesundes Brot hervorbringt aus gesundem Korn, in Dankbarkeit genommen von der «Mutter Erde».

In der ganzen christlichen Welt bitten wir: «Unser täglich Brot gib uns heute», und so wie schon vor zweitausend Jahren wird uns das Brot gegeben, und so wie vor zweitausend Jahren können wir es nur in Dankbarkeit entgegennehmen.

Alle Kulturen und Religionen dieser Welt haben stets eine höhere Instanz vorausgesetzt, welche die natürlichen Lebensgrundlagen bewahrte. Die folgenden überlieferten Sprüche bezeugen dies.

Tischsprüche

Erde, die uns dies gebracht,
Sonne, die es reif gemacht –
liebe Sonne, liebe Erde,
euer nie vergessen werde.
Christian Morgenstern

Wir falten unsre Hände
und danken für die Spende
der lieben Erde, wo alles wächst,
dem lieben Regen, der es netzt,
der lieben Sonne, die's bescheint,
dem lieben Gott, der uns vereint.
Johannes Kühn

Gott gab das Korn,
der Bauer sät's,
die Sonne bräunt es
und der Schnitter mäht's.
Der Müller backt das Brot.
Du segne uns die Nahrung,
heilger Gott!
Rudolf Meyer

Heute bieten die Supermärkte der Wohlstandsländer Unmengen denaturierter, industriell belasteter Produkte an. Wie können Mittel und Wege gefunden werden, den Teufelskreis von Mangel-, Fehl- oder Überernährung, krankhaften Essgewohnheiten und ernährungsbedingten Krankheiten zu durchbrechen?

Der wöchtentliche Backtag im Waldorfkindergarten Siegen-Seelbach. Das «Wissen» über Vollwerternährung wird in diesem Alter am besten über Lebenslust und Sinnenfreude vermittelt.

Bei der Kindergartenarbeit sollte es auch darum gehen, den Kindern und Familien eine Bewusstseinsänderung im Nahrungsmittelkonsum zu ermöglichen. Denn was das Kind – natürlich auch der Erwachsene – mit der Nahrung aufnimmt, tritt unmittelbar in seine Lebens- und Willenskräfte ein und beeinflusst seine leibliche, seelische und geistige Gesundheit.
Langjährige Kindergartenerfahrung zeigt, dass Kinder zu einem gesunden Ernährungs- und Essverhalten kommen, wenn die Nahrung aufgrund einer einfachen, aber vollwertigen Basis ausgesucht und mit den Kindern täglich frisch gemeinsam zubereitet wird. Dies lässt sich unmittelbar in die pädagogische Arbeit integrieren.
Die Stadt Wiesbaden hat beispielsweise mit ihrem ganzheitlich orientierten pädagogischen Konzept für alle ihre städtischen Kindertagesstätten erreicht, dass nach den neuesten Erkenntnissen der Ernährungswissenschaft alle anvertrauten Kinder mit Vollwerternährung versorgt werden (siehe auch die Erläuterungen im September-Kapitel in Band 3).

Eine Esskultur pflegen

Welche Vielfalt an Sinneserfahrungen mit dem Zubereiten einer frischen Mahlzeit verbunden ist und welche Möglichkeiten der motorischen Förderung durch Rühren, Kneten, Formen, Schneiden, Backen, Tischdecken usw. sich wie von selbst ergeben, kann theoretisch nur erahnt werden. Auf so manches intellektuell ausgedachte didaktische Material könnte durch ein verändertes pädagogisches Konzept verzichtet werden. Verschiedene Getreidearten bieten gute Aufbausubstanzen für den kindlichen Organismus, besonders für Knochen, Zahnsubstanz und Gebisskonstellation. Die Kinder verstehen bald das Argument, dass wir *Lebens-Mittel* aussuchen, die «nicht nur den Bauch füllen, sondern auch beim Wachsen und Gesundbleiben helfen». Wenn wir bedenken, dass die Kleinen oft bis auf das Abendessen ihre gesamte Nahrung in der Kindertagesstätte einnehmen, ist es äußerst erfreulich, wenn diese Einrichtungen es sich zur inneren Verpflichtung machen, einen gesundheitsprophylaktischen Speiseplan zu entwickeln. Fertigprodukte für die Mikrowelle, Eintöpfe

1: Der Teig wird aus Mehl, Wasser, etwas Salz und vielen frischen Gartenkräutern bereitet.
2: Man formt die Brötchen …
3: … und bringt sie unter die Haube des «Backofens».

Frischer Pfefferminztee, Kräuterbutter, -quark und -salz, dazu Brot – selbst bereitet wird es zum «Festmahl».

Transportabler Backofen auf einem mittelalterlichen Markt.

aus Blechdosen, aufgewärmte Tiefkühlkost oder die Seniorenkost aus dem benachbarten Altenheim kommen der Kindergesundheit bei Weitem nicht so zugute wie frisch zubereitete Speisen.
Die im Anschluss aufgeführten Beispiele belegen, dass es sehr kostengünstig ist, *täglich* gesund zu frühstücken und mittags frisch zu kochen – ganz abgesehen von den Folgekosten, die andernfalls durch Fehlernährungsschäden auftreten können.
Sobald der gute Duft beim frischen Zubereiten der Nahrung durch die Räume zieht, beginnt bei den Kindern die Verdauungstätigkeit: Ihnen läuft das Wasser im Munde zusammen, und durch die einsetzende Magensaftsekretion stellt sich der Appetit ein.
Man kann den Kindergartenkindern im wöchentlichen Rhythmus jeden Tag ein bestimmtes Vollwert-Frühstück bieten. Dazu gibt man der Jahreszeit entsprechendes Obst oder Gemüse, Salat usw. und als Getränk Wasser, Tee, Milch oder gelegentlich Saft. *Ein* gesundes Frühstück pro Woche – wie es ja glücklicherweise in vielen Kindergärten schon angeboten wird – ist einfach noch zu wenig. Mit wenigen Ausnahmen während der Eingewöhnungszeit – Allergien oder andere gesundheitliche Beeinträchtigungen müssen natürlich berücksichtigt werden – wird von allen Kindern dieses Frühstück gerne gemocht, besonders dann, wenn sie täglich beim Zubereiten im Gruppenraum mithelfen dürfen.
Die Esskultur wird gepflegt: Die ganze Gruppe hält als Tischgemeinschaft eine Mahl-Zeit, die man gemeinsam beginnt und gemeinsam beendet. Mit einem Tischspruch (siehe z.B. Seite 84) oder nur dem Wort «gesegnete Mahlzeit», wobei sich alle anfassen, bekommt das Essen einen würdigen Rahmen und hebt sich als etwas Besonderes von anderen Alltäglichkeiten ab.
Durch täglich wiederholtes Artikulieren eines Tischspruches erwerben sich die Kinder einen Erfahrungsschatz, der sie möglicherweise dazu befähigt, mit zunehmendem Alter die schöpferische Kraft der Sprache zu erahnen. Sie gewinnen eine tiefere lebendige Verbindung zur Sprachwelt, als dies in der Alltagssprache möglich ist. Dies gilt ganz besonders in unseren Tagen, da die Sprache immer ausdrucksloser, steriler und ärmer zu werden droht, indem sie fast nur noch als Träger von Informationen dient.
Der ständige Rhythmuswechsel zwischen Aktivität und Ruhe im Tageslauf bekommt durch eine Mahlzeit ein wichtiges Gliederungselement.

Vom ganzen Korn zum feinen Mehl. Wie unsere Vorfahren mit Getreide umgingen

Die ehemalige Hauswirtschaftsmeisterin Ruth Hecht erzählte uns, wie vor vielen Jahrhunderten mit dem Getreide umgegangen wurde:

Die Getreidearten Weizen, Roggen, Gerste, Hafer, Dinkel, Mais, Hirse und auch der Reis gehören zur Familie der Gräser. Sie entwickelten sich seit der Steinzeit zu unseren Kulturpflanzen.
Unsere Vorfahren sammelten die Körner und aßen sie roh, was ihren Zähnen sehr guttat. Mit der Weiterentwicklung der Kultur trockneten sie die Ernte und bewahrten Vorräte für den Winter auf.
Sie legten die Körner in einen muldenförmigen Stein als Schüssel und zerrieben sie mit einem kleineren Stein zu Schrot und Mehl, welches wohl mit Recht als Vollkornmehl hätte bezeichnet werden können.
Von den Römern ist bekannt, dass sie Getreidemühlen und auch das Getreide auf ihre Eroberungszüge mitnahmen, um sich völlig unabhängig von Land und Leuten über Wochen und Monate hinweg autark ernähren zu können. – Die nächste Stufe war das Brotbacken. Als Treibmittel wurde Sauerteig-Restteig verwendet, den man vom letzten Backen verwahrte. (Heute bekommt man ihn beim Bäcker, im Reformhaus oder im Grünen Laden). Dieser Teig wird dem Brotmehl zugefügt, ebenso wie Wasser und Salz, und alles kann zu einer geschmeidigen Masse geknetet werden.

Sauerteigbrot

500 g Roggenmehl mit 500 ml Wasser und 2 bis 4 EL Sauerteig verrühren, 8 Stunden zugedeckt stehen lassen, dann 500 Weizenmehl und 200 bis 300 ml Wasser dazugeben. Nun erst einen gestrichenen EL Salz unterkneten. An einem warmen Ort in der Backform ca. 90 Min. gehen lassen.

Während dieser Zeit heizte man mit viel Reisig und Knüppelholz den Backofen vor und kontrollierte mit einem

Großer, professioneller Backofen in der katholischen Familienbildungsstätte Schloss Gehrden

«Strohwisch» die Temperatur: Wurde das Stroh sofort zu Asche, war der Ofen heiß genug.
Man holte mit einem Schieber die Glut aus dem Ofen, rieb mit einem nassen Strohwisch den Ofen sauber und schob die Brotlaibe mit dem «Schoss» (Holzschieber) hinein.
Hatten die Brote nach 90 Minuten eine schöne braune Kruste, wurden sie «gefrischt»: Man nahm sie kurz aus der Form heraus und rieb sie mit einer Bürste mit kaltem Wasser ab. Dann wurden sie für ca. 10 Minuten wieder in den Ofen geschoben, wo sie eine leckere knusprige Kruste und einen schönen Glanz bekamen. Die Brote konnten im kühlen Keller auf einem unter der Decke hängenden Brett bis zu drei Wochen gelagert werden.

Mit der Entwicklung der Wasser- und Windmühlen konnte schließlich immer feineres Mehl hergestellt werden, und es gab neben grobem Brot auch Kleie, Schrot, Graupen aus Gerste, Haferflocken, feines Stärkemehl und viele andere Produkte.
Heute können wir außer hundert und mehr Brotsorten auch Kuchen, Kleingebäck, Zwieback, Waffeln, Klöße, Nudeln, Corn-Flakes, Puddings und vieles andere mehr aus Getreide herstellen.
So weit die Geschichte vom Korn und Brot.

Gut konzipierte Feuerstellen sind zum Stockbrotbacken unerlässlich. Besonders kindgemäß ist eine Feuerstelle zum Stockbrotbacken, wenn man den Stock mit dem Teig in eine Astgabel einlegen oder auf einen waagerechten Stab auflegen kann. So verkohlt das Brot nicht so leicht.

Sorgsam um den Stab gewickelte Teigstreifen garantieren, dass fast nichts vom erstrebenswerten Stockbrot unwiederbringlich den Flammen zum Opfer fällt.

«Die Pfannkuchenmühle» ist ein schönes Märchen, das sich für dieses Monatsthema gut zum Erzählen eignet:

Die Pfannkuchenmühle

Es war einmal ein alter Bauer mit seiner Frau, die lebten so recht und schlecht, denn sie waren sehr arm.
Eines Tages hatten sie kein Krümchen Brot mehr im Haus; da fuhren sie in den Wald, Eicheln zu sammeln. Sie sammelten Eicheln, brachten sie nach Haus und wollten sie essen.
Wie sie die Eicheln aßen, ließ die Alte eine Eichel fallen. Die Eichel fiel durch den Fußboden in den Keller. Bald schlug die Eichel Wurzeln und trieb einen Schößling, der Schößling wuchs bis zum Fußboden. Die Alte sah das und sprach zum Alten: «Hör, Alter, du musst den Fußboden durchschlagen, damit die Eiche wachsen kann; wenn sie groß wird, brauchen wir nicht mehr in den Wald zu fahren und können die Eicheln hier in der Stube pflücken.»
Der Alte schlug ein Loch in den Fußboden; die Eiche wuchs und wuchs bis zur Stubendecke, von der Decke bis zum Dach und vom Dach bis in den Himmel hinein.
Als sie keine Eicheln mehr hatten, nahm der Alte einen Sack und kletterte auf den Eichbaum; er kletterte immer höher und höher, und auf einmal befand er sich im Himmel.
Er ging im Himmel auf und ab, da sah er einen Hahn mit einem goldenen Kamm auf einer goldenen Handmühle sitzen.
Der Bauer überlegte sich's nicht lange, er nahm den Hahn und die Mühle und stieg hinab. Als er glücklich unten angekommen war, fragte er seine Frau: «Alte, was gibt's zu essen?»
«Wart', ich will gleich die Eicheln in der Mühle mahlen», meinte die Alte. Sie nahm die Mühle und fing an zu mahlen: da mahlte es Pfannkuchen und Pasteten! Sooft sie die Mühle drehte, fiel ein Pfannkuchen, dann eine Pastete heraus.
Nun hatten sie satt zu essen.
Eines Tages kam ein Herr vorbeigefahren und fragte: «Kann ich etwas zu essen haben?»
«Gewiss, du kannst Pfannkuchen haben.»
Die Frau nahm die Mühle und drehte: die Mühle mahlte Pfannkuchen und Pasteten. Der Gast ließ sich's gut schmecken. Nach dem Essen sagte er: «Frau, verkauf mir die Mühle!»
«Nein, die kann ich nicht verkaufen!»
Da stahl der Herr die Mühle und fuhr mit ihr davon.
Als die beiden alten Leutchen bemerkten, dass die Mühle gestohlen war, grämten sie sich sehr. «Grämt euch nicht», sprach der Hahn mit dem goldenen Kamm. «Ich fliege dem Dieb nach und hole ihn ein.»
Der Hahn kam zu des Herren Haus geflogen, flog aufs Tor und rief: «Kikeriki, ich bin hie! Herr, gib unsere liebe goldene Mühle wieder her!»
Als der Herr das hörte, ärgerte er sich und befahl: «He, werft den Hahn ins Wasser!»
Die Diener fanden den Hahn und warfen ihn in den Brunnen. Der Hahn aber sprach vor sich hin: «Schnäbelchen, Schnäbelchen, schluck das Wasser auf!» und trank das Wasser aus. Er trank und trank den ganzen Brunnen aus und flog wieder in das Herrenhaus. Er setzte sich auf den Balkon und rief: «Kikeriki! Bin wieder hie! Herr, gib unsere liebe goldene Mühle wieder her!»
Der Herr befahl den Hahn zu fangen und ihn in den glühenden Ofen zu werfen. Die Diener fanden den Hahn und warfen ihn in den Ofen, mitten ins Feuer.
Der Hahn sprach aber vor sich hin: «Schnäbelchen, Schnäbelchen, spei das Wasser aus!» und spie das Wasser ins Feuer und löschte den Ofen aus.
Er sträubte sich und schüttelte sich, flog aus dem Ofen und schrie: «Kikeriki! Bin wieder hie! Herr, gib unsere liebe goldene Mühle wieder her!»
Die Gäste hörten das und liefen aus dem Haus, der Herr lief ihnen nach; der Hahn mit dem goldenen Kamm packte geschwind die Mühle und flog damit nach Haus.

Aus: Freya Jaffke, *Kleine Märchen und Geschichten,* Verlag Freies Geistesleben, Stuttgart [13]2015.

Weiterführende Literatur

Für Erwachsene

Udo Renzenbrink, *Ernährung unserer Kinder*. Verlag Freies Geistesleben, Stuttgart [10]2004
Ulrike Maria Sergienko, *Gerürht, gerollt, geknetet. Vollwertig süß und herzhaft backen*. Verlag Freies Geistesleben, Stuttgart 2011
Helma Danner, *Biologisch kochen und backen*. Econ Verlag, Düsseldorf 1981
Christel Dhom, *An die Töpfe, fertig – lecker! Rezepte und Geschichten zum Kochen mit Kindern*. Verlag Freies Geistesleben, Stuttgart 2011
Freya Jaffke, *Getreidegerichte*. Verlag Freies Geistesleben, Stuttgart 1986
Inge Aagaard Faurtoft, *Ein Tag im Leben des Bauern Jens Nielsen*. Cornelsen Verlag, Hamburg 1986
Ruth Topp / Anneliese Riffert, *Vollkorn-Bäckerei zu Hause*. Bioverlag Gesund Leben, 1984
Rita Raffelt, *Meine Vollkornbackstube*. Falken Verlag, Niederhausen 1982
Gesellschaft zur Förderung der Partnerschaft mit der Dritten Welt (Hrsg.), *Bewusst kochen – herzhaft essen. 60 Rezepte für eine begrenzte Welt.*

Für Kinder

Elisabeth Klein / Lotte Boelger-Kling, *Mutter Erde – Korn und Brot*. Verlag Urachhaus, Stuttgart 1980

Hinweis:

Im August sollte man den Vorrat an Blumen, Gräsern und Zweigen für Adventsgestecke sammeln und zum Trocknen aufhängen.
Bitte auch an Getreidesträuße denken, die die Vögel zu Weihnachten bekommen können.
Jetzt werden außerdem Samen von Ochsenzungen, Gräsern, Brennnesseln und vielerlei anderen Wild- und Gartenpflanzen gesammelt und getrocknet; wir verwahren sie gut für das Vogelfutter (siehe das November-Kapitel in Band 3).

Irmgard Kutsch und Brigitte Walden

Natur-Kinder-Garten-Werkstatt: Herbst

Vom Wiederentdecken des Ursprünglichen

Neuausgabe, 112 Seiten, durchgehend farbig, gebunden

Der Herbst-Band macht vertraut mit den Themen Obst und Gemüse ernten, mit der uralten Kunst des Flechtens, den Grunderfahrungen beim Hausbau, mit der Pflege der Vogelwelt, und er gibt Anregungen für eine Bienenwachswerkstatt und eine Papierwerkstatt.

- Vielfältige Einsatzmöglichkeiten (Kindergärten, Projekttage, Grund- und Sonderschulen, Ferieneinrichtungen, Arbeit mit Migranten)
- Anregungen aus der Praxis für die Praxis
- Ein ganzheitliches und nachhaltiges umweltpädagogisches Konzept
- von vielen Naturschutzorganisationen empfohlen (BUND, NABU, Deutsche Umwelthilfe u.a.)

Verlag Freies Geistesleben

Irmgard Kutsch und Gudrun Obermann

Mit Kindern im Bienengarten
Vom Wiederentdecken des Ursprünglichen

177 Seiten, durchgehend farbig, gebunden

Bienenzucht kann man auch zusammen mit Kindern betreiben. Neben zahlreichen interessanten Details aus dem Leben eines Bienenvolks beschreibt Irmgard Kutsch vor allem, was man mit Kindern im Laufe eines Jahres alles rund um das Thema Bienen machen kann: vom Nisthilfenbau für Wildbienen und Hummeln, dem Bemalen von Bienenwohnungen, der Honigernte bis zum weihnachtlichen Gestalten mit Bienenwachs. Erzieherinnen, Lehrer und Eltern erhalten so zahlreiche Hinweise, wie man mit Kindern das Thema Bienen erarbeiten kann.
Das Buch enthält sowohl Angaben für eine eigene Bienenhaltung und die Gestaltung bienenfreundlicher Naturgärten als auch zahlreiche Anregungen zum Kennenlernen dieser bedrohten, für die Natur und den Menschen außerordentlich wichtigen Tierart.

Verlag Freies Geistesleben